# 記念日の創造

小関 隆・編

人文書院

# 記念日の創造

# 目次

# 序論――記念日と記念行事をめぐる抗争

小関　隆

本書の淵源は、京都大学人文科学研究所の二〇〇四年度夏期公開講座「記念日の創造」（二〇〇四年七月二一～三日）にある。ただし、本書を編むにあたって各々の講演者は改めて原稿を執筆しており、また、諸般の事情から、講演者と本書への寄稿者は完全には一致しない。したがって、本書は公開講座とは一線を画した書物とみなされるべきだろう。

本書が意図するのは、近代イギリス、現代ドイツ、古代および現代中国の事例に即して、私たちの日常生活をとりまいている記念日、そして記念日にともなう記念行事の社会的な意味や機能を探ることである。収録された四本の論文を手がかりに、記念日や記念行事について考えるためのいくつかの切り口を提示することがこの序論の役割であるが、その前に各々の論文の概要を紹介しておこう。

## 収録論文の概要

小関論文は一八八一年四月一九日に死亡したイギリス保守党の政治家ベンジャミン・ディズレイリの命日をクローズ・アップし、この命日がいかにして毎年恒例の記念日（プリムローズ・デイ）になっていったのか、そして、命日の語りを通じてディズレイリの記憶がどのように造形されていったのか、を論ずる。毎年四月一九日にプリムローズを身につけ、ディズレイリの銅像をこの花で飾りつける慣習が多くの人々を惹きつけた決定的な要因は、プリムローズを媒介にしたヴィクトリア女王とディズレイリの親愛な関係のイメージを伝える「伝説」が広く流布したことであった。また、にぎやかな雰囲気のなか、小さくないオーディエンスに向け、死後延々と記憶を語られることによって、ディズレイリには「国民的英雄」のイメージが付与されてゆく。小関論文が明らかにするのは、記念日や記念行事がもつイメージ喚起力、こうしたイメージが行使する後の時代への影響力である。

藤原論文の題材は、ナチスが一九三四年に制定した収穫感謝の日という祝日とこの日に開催される収穫感謝祭という祝典である。収穫感謝祭はナチスの祝典のうちでも最大の動員力を誇ったものであり、三五年以降には「感謝」の対象は農民よりもむしろ軍隊に移行してゆく。ロケイションの選択、会場の設営、プログラムの編成（そのクライマックスがヒトラーの登場と演説）、等にかかわる民衆啓蒙宣伝省による入念かつ巧妙な演出は、農民のナチ化という政治的狙いに向けて「熱狂」と「陶酔」を醸成し、「数、音、光、旗、煙、炎、霧」が駆使される祝典の場におけるヒトラーの演説は、必ずしもナチズムの信奉者ではない者たちまでも魅了した。こうした祝典のメカニズムの考察を通じて、藤原論文は記念日や記念行事がつくりだすサイクル（「内実から形式が離れ、形式が陶酔を深め、陶酔が内実を支配する」）の呪縛力に警鐘を鳴らす。

佐野論文では、古代中国の祭日、とりわけ祭日に意味を与える死者にまつわる物語が検討に付される。これらの物語は、多くの場合、後知恵的に用意されたもので、曖昧さを孕む。たとえば、端午の節句として親しまれている五月五日は戦国時代の詩人屈原の命日にちなむとされるが、実際の命日が五月五日だったという根拠はなく、五月五日の由来を述べる別の物語も存在する。複数の物語のうちから、登場人物の知名度や魅力、設定や道具立て、等においてアピール力をもった物語、「何かしら説得力があり、信仰と深く結びつくことに成功した物語」が生き残ってゆくのである（一月一五日に自殺したとされる紫姑が例になるが、もともとは無名だった人物が祭日と結びつけられることによって知名度を獲得するケースもある）。逆に、三月三日に関する周昭王および呉の王女の物語のように、いささか強引にもちだされてきた物語は結局のところ長い生命力を保つことはできない。佐野論文が考察するのは、記念日をめぐる物語の抗争である。

石川論文は中国共産党の創立記念日である七月一日（「七一」）をとりあげ、この記念日の日付が党の創立を画するとされる第一回全国大会が実際に開催された日とは違う点に着目する。一九二一年七月二三日が正しい日付であることは現在では周知の事実となっているのであり、こうした意味で、「七一」は通常の記念日の根幹となる想定（日付＝記念すべき出来事が起こった日）をもたない。にもかかわらず、今でも毎年の「七一」には盛大な記念行事が行われつづけている。記念日と「実際の日付」の間のこうしたズレの意味を探ることが、石川論文の課題となる。そして、党創立というきわめて重要な出来事を記念する日であるがゆえに、「七一」に異議申し立てをすることは難しく、人々の記憶は揺らぎ、資料の改竄さえ行われてゆく。石川論文は「記念日による記憶の侵蝕」を指摘し、人々の思考や行動に対する記念日の拘束力に注意を喚起する。

## 日付をめぐる抗争

多くの記念日は二つの根本的な抗争の火種を抱えている。第一はいかなる日付を記念日にするかをめぐる抗争であり、第二は記念にいかなる意味を込めるかをめぐる抗争である。順に考えてゆくこととしよう。

いかなる日付が記念日とされるにふさわしいのか、いうまでもなく、このことは決していつも自明であるわけではない。フランス革命を例にとれば、フランス革命が記念に値する出来事であるという或る種の「合意」の存在が前提となるが、そのうえで、どんな日付でフランス革命を記念すべきかが問題とされざるをえない。フランス革命を記念する日付として候補になりうるのは七月一四日（バスティーユ監獄襲撃の日）だけとは限らない。六月二〇日（「テニスコートの誓い」の日）も八月二六日（「人権宣言」採択の日）も、革命記念日たる資格を欠いてはいないだろう。あるいは、紀元節にあたる二月一一日が建国記念日とされていることに対しても（これもまた「建国」なるものが記念されるべきか否かがまず争われてからの話になるが）、もっとほかに選ばれるべき日付があるはずだ、といった反論は大いに可能である。記念日の選定は、少なからぬ場合において、複数の日付の抗争、特定の日付が他の日付をいわば抑え込む経緯があってはじめて果たされるのである。そして、後段の議論にかかわってくるが、日付の選定は記念の意味合いにも重大な影響を与える。仮に革命記念日が八月二六日であり、建国記念日が五月三日だったとしたら、これらの記念日は現行のそれとは異なる意味で祝われるはずである。

また、日付が曖昧な根拠しかもたない場合があることにも注意が必要だろう。佐野論文の五月五日や石川論文の「七一」が端的な例となるように、記念日の日付はしばしば恣意的に、ときには政治的な狙いをもって選ばれる。これらの例の場合、数字の並んだ日付や抗日戦争を記念するのに都合のよい日付が、他の日付を切り捨てたうえで、記念日の地位を与えられているのである。

日付をめぐる抗争の中核を成すのは、その日付が記念されることを要求する日付にまつわる物語の抗争である。記念日は物語を必要とするのであり、かくも重要な人物が死んだ、かくも重要な事件が発生した、だからこそ記念日とされるにふさわしい、等々と主張することで、各々の物語は特権化を求めて争う。小関論文が扱うプリムローズの「伝説」は、ディズレイリに「別格の国民的英雄」のイメージを付与して、その命日が広く関心を寄せられるに値することを訴えるし、石川論文の「七一」の場合も、その虚偽性が段々と明らかにされてゆくにもかかわらず、一九二一年七月一日こそ党の第一回全国大会が開催された歴史的な日付であるという「定説」は簡単には譲歩しない。そして、記念日の地位を与えられる日付の多くは、他の日付のそれに比べて、説得力やアピール力に勝る物語に支えられた日付である。人々を惹きつけ納得させられる物語をもつことこそ、記念日の基本的な要件であるといってもよい。

さらに、特定の日付を根拠づける物語は単一とはかぎらない。同じ三月三日に関連して、三人の娘の死の物語もあれば、周昭王の溺死や呉の王女の自殺の物語もある。佐野論文が述べるとおり、こうした複数の物語が並立する状況は、文字化の広がりが強力な媒介となって、徐々に単一の物語が規範的な地位を占め、全国的に流布する状況へと移行してゆくが（いわば、単一の物語を共有する「国民」の誕生）、文字テクスト全盛の時代にあっても、一つの記念日を複数の物語がとりまく事態は完全に排除されるわけではなく、日付をめぐる物語の抗争の構図はときに錯綜した様相を呈することになる。

私たちの暦に当然の存在であるかのように位置を占めている記念日は、このような抗争に勝利し君臨する日付にほかならない。国民国家をはじめとするあらゆる集団が複数の記憶を内包する以上、現行の記念日が将来においても特権的な地位を保ちうる保証はどこにもない。いったんは封印された記憶があるきっかけを得て噴出し、新たな日付が記念日としての扱いを求める事態はいつでも生じうるのであって、その意味で日付をめぐる抗争は不断に継続されている。

## 記念の意味をめぐる抗争

記念日の地位を獲得し他の日付を抑え込んでしまえばひとまず一件落着、というわけでもない。記念日にはなんらかの記念行事が付随することが多く、いかなる記念行事を実施するのか、より根本的にいえば、どのような意味で当該の日付を記念するのか、をめぐる次なる抗争が浮上しがちだからである。ある日付を記念日に選定した時点で記念の内容がある程度まで決定されることはさきに述べたとおりだが、しかし、たとえば藤原論文が扱う収穫感謝祭が農業から軍事へと主眼を移してゆくように、同じ日付に関する記念行事が時間の経過とともに性格を変え、記念の意味合いがずれてしまう事態は決して珍しくない（たとえば、メーデーの変容について次を参照、ホブズボウム　一九九二）。記念日の本質的な特徴が反復性である以上、記念日は時間という試練に直面せざるをえない。* 記念日の選定の先にもう一つの抗争が待ち構えているのである。

＊　本書でとりあげる記念日・記念行事はいずれも年に一度の頻度で反復的にやってくるものであるが、～生誕（没後）一〇〇周年といったそれの場合は、一〇〇周年の次に一五〇周年なり二〇〇周年なりが記念されるとは限らないし、くり返されるにしても間隔が長くなるから、反復性よりも単発性において把握されるべきだろう。

記念行事の定着・反復は記念日の地位を安定させるうえで大きな力を発揮する。毎年の「七一」に記念行事がくり返されることによって、その信憑性に関して疑義のある「七一」という日付が党創立の記念日であるとの認識が浸透し、歴史書にもこうした認識が盛り込まれてゆく、石川論文が明快に描くのは記念日に正統性を与える記念行事の機能である。このような意味で、記念日と記念行事とはしばしば切っても切れない関係にあり、したがって、先行的に親しまれていた行事の開催日を記念日としてあえて選ぶケースも少なくない。藤原論文の収穫感謝の日は、記念日が本来無関係であった行事を「横領」したわかりやすい事例である。ほかにも、たとえば北アイルランドでは、新暦と旧暦のズレを口実として、第一次大戦期のソンムの戦いの開戦日（七月一日）が名誉革命期に由来するオレンジ・パレード（七月一二日）とご都合主義的に結びつけられている（酒井　二〇〇五）。

しかし、切っても切れない関係にあったはずの両者が、記念行事の定着・反復にともなって次第に乖離してゆくことも頻繁に起こる。「形式が内実をこえ、ついには一人歩きをはじめた祝典」、一九三五年以降にはっきりと変質する収穫感謝祭を藤原論文はこう表現する。当初はディズレイリの政治路線や業績を賞賛し、故人の遺徳を偲ぶ日だったはずのプリムローズ・デイは、ディズレイリ像の飾りつけばかりに注目が集まり、旺盛な商行為も行われるような、ピクニック気分の漂う機会へといつしか化してゆくし、一月一五日の祭りが養蚕との結びつきを喪失していったことは、佐野論文に記されるとおりである。記念行事のあり方によっては、記念日を根拠づけていたはずの物語の忘却が促されることが大いにありうるわけである。先行的な行事を「横領」した記念日が、今度は記念行事によって「横領」される事態といえる。こうして記念日の「本来の意味」が失われてゆくことに対しては、当然にも原点回帰を求める声があげられるが、たとえばプリムローズ・グッズの販売に勤しむ者たちや銅像の飾りつけだけを楽しみにする者たちは、ディズレイリの偉大さを厳粛に偲ぼうとする者たちの意図に容易には従わないだろう。こうした意味でも、記念行事は抗争の場となりうるのである。ただし、「当初の意図」の貫徹が記念日や記念行事の成功に必ずしも直結しないことは、念のため確認しておきたい。この点は、プリムローズ・デイの生命力が呑気な見物人たちの出現に依拠していた事実からも明らかである。

ナチスの収穫感謝祭の場合、たとえ農業から軍事へと力点が移行しようとも、収穫感謝の日の「本来の意味」からの逸脱であるとしてそれを批判する声は顕在化しなかったはずだが、藤原論文では、記念行事の「一人歩き」がときとして主催者の意図さえこえることもまた指摘されている。一〇〇万人以上を動員する収穫感謝祭は、主催者やヒトラーまでも「熱狂」と「陶酔」の「彼岸」へと連れていってしまうのである。ナチスの意図が貫徹していたかにみえても、記念行事にはナチスをもってしてもコントロールしきれない力が孕まれていたのであり、それほどのポテンシャルがあったからこそ、農民たちを勇躍戦場に赴かせることができたのだといえよう。この場合、記念行事がナチスにとって好都合な効果を結果的にもたらしたことになるが、もちろん、逆のパターンもありうる。ディズレイリの銅像を建ててみても、それがディズレイリや保守主義への帰依を狙いどおりに引き出せるとは限らない。単なる飾りつけ見物の対象にされてしまうことは、銅像のために寄付をした者たちの期待を裏切る展開だったにちがいない。

日付をめぐる抗争に劣らず、記念の意味をめぐる抗争も錯綜している。いかなる記念行事を催すかの争いがまずあり、なんとか記念行事の主導権を握ったとしても、記念行事の効果は主催者が抱く記念の意図をときに裏切って、ここにもある種の争いが生じる。七月一四日のお祭り騒ぎは革命と共和国の理念を真摯に信奉する者たちの眉を顰めさせるだろうし、二月一一日に「国旗」の掲揚を強制する教育委員会はそのことの効果に全幅の自信をもつことはできないだろう。記念日と記念行事の周辺ではさまざまなヴェクトルの力が交錯し、状況は容易に安定しないのである。

## 記念日・記念行事にどう向き合うか？

記念日を選定し記念行事を開催することは、記念・顕彰《コメモレイション》行為の一形態にほかならない。そして、コメモレイションへの「激しい欲求」は現代という時代の一つの重要な特徴である（ノラ 二〇〇三）。記念日・記念行事に引きつけていうなら、価値の相対化が昂進し、アイデンティティの不安定さが露呈しがちであるがゆえに、「時の流れのなかに規則性を求める深い欲求」が刺激され、結果的に「記念祭／記念日カルト」と呼ばれるほど夥しい数の記念日が私たちの暦に位置を占めることになる（ジョンストン 一九九三）。ネオ・リベラリズムが人々の共同性の解体を推し進め、誰もが「自己責任」で生き抜くよう求められる、これが私たちの眼前で今まさに進行している事態であることを考えれば、なんらかの集団に帰属する心地よさを味わわせてくれる記念日・記念行事の人気が高まることは理解しやすい。石川論文が指摘するように、「『記念する』という行為」はアイデンティティ確認のための「最も簡単（安易）な方法」なのである。そして、この「最も簡単（安易）な方法」を精力的に駆使する存在の筆頭が国民国家であり、記念日・記念行事を共有させることを通じて、「同じ過去」を背負った「同じ国民」というそれ自体としてはフィクション性の強いアイデンティティの浸透が図られる。

しかし、これまでみてきたような記念日・記念行事をめぐるさまざまなレヴェルでの抗争に思いを馳せるなら、「最も簡単（安易）な方法」が醸成するアイデンティティに素直に同一化してすますわけにはゆかないだろう。記念日・記念行事で帰属意識を確認し、ほっと一安心する人々がいる一方、同じ記念日・記念行事に抑圧を感じている人々もいるからである。戦没者への黙禱を求める八月一五日の記念行事が戦死をもたらした経緯への怒りの声を沈黙させる力をもつこと、「アメリカの自由」を自画自賛する九月一一日の記念行事が「潜在的テロリスト」とまなざされるムスリム系住民にとっては脅威にほかならないことを、忘れるべきではない。記念日・記念行事のこうした抑圧的性格は、たとえば「国歌」斉唱を強いるようなケースに最も明瞭に表現されるだろう。絶え間ない抗争にさらされ、磐石の安定を保ちがたいからこそ、ある種の記念日や記念行事は強制力に訴えようとするわけだが、仮に強制力が行使されなくても、特定の記念日・記念行事自体に息苦しい思いを抱く人々は少なからず存在する。

さらに、不満や違和感を強く意識していない人々に対しても、記念日・記念行事は呪縛として作用しうる。時間と生活テンポの管理、身体と感性の馴致、等、呪縛の中身はいろいろと考えられるが、ここでは、記念日・記念行事の既成事実化が「本当のことなど二の次」とする心性を育むことを指摘しておきたい。石川論文にみられるように、「七一」がくり返し祝われるなか、「七一」の信憑性への疑問を封殺するため、「七一」の誤りを正す役割を担うべき歴史研究さえ動員され、資料の改竄までもが行われた。そして、決定的な反証が提示されても、あるいは、七月二三日説が認知された後になっても、「七一」が記念日でありつづけているのは、

「真実はどうあれ、定着しているのだから」という追認の心性ゆえである。プリムローズの「伝説」の虚偽性が認められてもなお、飾りつけの慣習がつづいたプリムローズ・デイについても、同様の心性を見出すことは難しくない。記念日・記念行事には、「本当のこと」にこだわろうとする思考を挫く作用がそなわっているのである。定着した記念日の物語に身を委ね、記念行事に同一化することはたしかに快感をともなうが、現行の記念日・記念行事を当然のものとして受け入れてしまうことがこうした思考停止の契機を含んでいる点に、私たちは改めて注意する必要があろう。藤原論文にある「熱狂」と「陶酔」もまた、思考停止の一つのかたちといえる。すべての記念日・記念行事がそうであるわけではないにせよ、思考停止へと人々を誘う記念日・記念行事が同じ人々を戦場にまで駆り立てる恐るべき力を発揮した前例があることは、記憶にとどめられてよい。

ならば、私たちは記念日・記念行事にどう向き合えばよいのか？　明快かつ決定的な対処法をここで提示することはできない。それでも、現行の記念日・記念行事を無邪気に享受するのではなく、一歩引いて疑いの目を向けてみることがまずさしあたりの出発点となるのはまちがいないだろう。たとえば、八月一五日は必ずしも「終戦」ないし「敗戦」を画する日付ではない。すっかり定着した感のある八月一五日を覆すのは容易ではなかろうが、ポツダム宣言を受諾した八月一四日こそ、あるいは、降伏文書に調印した九月二日こそ記念されるべきではないかとの問いを発することは、自明性を装う記念日に揺さぶりをかけるうえで、無意味ではないはずである（佐藤　二〇〇五）。さらに、にぎにぎしい記念行事とともに祝われるパブリックな記念日にもっとプライヴェートな記念日を対置し、自分なりの暦を構成してみること、また、現行の記念日に独自の意味づけを施してみることも、呪縛に抗するための有効な営みかもしれない（阿部　一九九九）。自分にとっては二月一一日よりも二月一四日のほうがよほど重要な記念日だ、自分は四月二九日（二〇〇七年からはみどりの日ではなく昭和の日）に昭和時代をノスタルジックに回顧するのではなく、昭和天皇の戦争責任を改めて問い直すつもりだ、といった具合に。こうした意味で、これまで述べてきた記念日・記念行事をめぐる抗争は私たちにとって他人事ではまったくない。私たち自身が抗争の只中におかれているのである。

最後に、発端となる公開講座を企画・運営し、本書の出版のためにも骨を折ってくれた京都大学人文科学研究所の籠谷直人さん、急な依頼に応え、在外研究先のドイツから原稿を提供してくれた同じく人文科学研究所の藤原辰史さん、そして、遅々として進展しない本書の準備の過程で惜しみない援助の手を差し伸べてくれた人文書院の伊藤桃子さんに、謝意を表しておきたい。本書がようやく日の目をみるのは、こうした周囲の支えがあってのことである。

## 参考文献

阿部安成「横浜歴史という履歴の書法――〈記念すること〉の歴史意識」、阿部安成、小関隆、見市雅俊、光永雅明、森村敏己編『記憶のかたち――コメモレイションの文化史』柏書房、一九九九年。

酒井朋子「北アイルランド・ユニオニズムにおける第一次大戦の記念と表象」『宗教と社会』第一一号、二〇〇五年六月。

佐藤卓己『八月十五日の神話』ちくま新書、二〇〇五年。

ジョンストン、ウィリアム・M『記念祭/記念日カルト――今日のヨーロッパ、アメリカにみる』小池和子訳、現代書館、一九九三年。

ノラ、ピエール「コメモラシオンの時代」工藤光一訳、ピエール・ノラ編『記憶の場――フランス国民意識の文化＝社会史3模索』谷川稔監訳、岩波書店、二〇〇三年。

ホブズボウム、エリック「伝統の大量生産――ヨーロッパ、一八七〇―一九一四」、エリック・ボブズボウム、テレンス・レンジャー（編）『創られた伝統』前川啓治ほか訳、紀伊國屋書店、一九九二年。

# 記憶を造形する命日
## ――ベンジャミン・ディズレイリとプリムローズ

小関　隆（こせき・たかし）

京都大学人文科学研究所准教授。一九六〇年東京生まれ。一橋大学社会学研究科博士課程単位取得退学。一九九一年より東京農工大学、二〇〇〇年より津田塾大学を経て、二〇〇三年より現職。専攻はイギリス・アイルランド近現代史。現在は第一次世界大戦期の研究を進めている。著作として、『一八四八年――チャーティズムとアイルランド・ナショナリズム』（未來社、一九九三年）、『記憶のかたち――コメモレイションの文化史』（共編、柏書房、一九九九年）、『世紀転換期イギリスの人びと――アソシエイションとシティズンシップ』（編著、人文書院、二〇〇〇年）、『プリムローズ・リーグの時代――世紀転換期イギリスの保守主義』（岩波書店、二〇〇六年）など。

## プリムローズ・デイ

ここで私がとりあげるのは、ある著名な政治家＝ベンジャミン・ディズレイリ（一八六八年と一八七四〜八〇年に首相を務めたイギリス保守党の政治家、小説家としても知られた、一八七六年からベコンズフィールド伯爵）の命日である。この命日が毎年恒例の記念日になってゆくプロセスを明らかにすること（命日が毎年恒例であるのはいわずもがなのことだが、ディズレイリの命日の場合、それだけでなく、広くパブリックな関心を集める記念日となる）、そして、記念日となった命日においてディズレイリの記憶がどのように語られ、どのようなディズレイリのイメージが造形されていったのかについて検討すること、私の念頭にあるのはこれら二つの課題である。記念日化された命日による記憶の造形、私の考察対象を一口に表現すれば、こうなる。

『くまのプーさん』で有名なA・A・ミルンが残した次の文章を手がかりとして、議論を開始したい。

そう、好きな花は春の花でなければならない。それは疑いない。だから、ラッパスイセン、スミレ、プリムローズ、クロッカスのどれを選んでもよい。すると、選ぶのはスミレか、クロッカスか。それとも、ディズレイリの故事にならって、自分の像にプリムローズを飾るのか。(加藤憲市『英米文学植物民俗誌』冨山房、一九七六年、五一二頁)

いささか奇異な印象を与える文章だが、最後の一文に示されるような、プリムローズという花からディズレイリを連想する心性は現在まで生き残っていて、ディズレイリの命日である四月一九日はプリムローズ・デイと呼ばれる。そして、毎年のプリムローズ・デイにディズレイリの銅像(図1)をプリムローズで飾る慣習はごく最近までつづいた(一九九五年に出版されたロンドンの銅像・記念碑ガイドには、今でもつづいている、とあるのだが、二〇〇四年四月にロンドンに滞在していた知人の報告によれば、そんな様子はなかったということである)。ミルンはこうしたプリムローズ・デイの慣習に言及しているのである。

ディズレイリ像にプリムローズを飾るというプリムローズ・デイの奇妙な慣習は、いかにして成立・定着していったのだろうか? そして、プリムローズに彩られた命日を与えられたことで、死後のディズレイリはいかなるイメージを獲得していったのだろうか? 順に考えてゆこう。

## プリムローズの〈伝説〉

ディズレイリとプリムローズが結びつけられた背景には、ある〈伝説〉が存在した。〈伝説〉の主役はディズレイリとヴィクトリア女王、その内容は、〈死の床にあったディズレイリの見舞いに女王がディズレイリの好きなプリムローズを贈り、葬儀の際にも女王手書きのカードを添えたプリムローズの花輪が棺に載せられた〉というものである。特にインパクトが強かったのが、葬儀のエピソードだった。そこで、まず葬儀の様子からみてゆくことにしたい。日付を確認しておくと、ディズレイリが死亡したのは一八八一年四月一九日、葬儀が行われたのは一週間後の二六日である。

図１　パーラメント・スクエア（ロンドン）に立つディズレイリ像。（撮影：澤田望）

ディズレイリの葬儀は、彼の所領があるバッキンガムシアはヒュンデンの教区教会で執り行われた。女王はウェストミンスター寺院への公的な埋葬を望んでおり、時の首相グラッドストンも同趣旨の提案をしたが、私的な葬儀を希望するディズレイリの遺言が尊重されたのである（図2）。臣民の私的な葬儀に参列することは不適切と考えられたせいか、葬儀には顔をみせなかったものの、代わりに、女王は棺の上におかれるための花を贈った。いうまでもなく、プリムローズの花である。『タイムズ』による報道は、葬儀の場で注目を集めたプリムローズを大いにクローズ・アップしている。

女王は〔ディズレイリへの〕愛情と敬意をさまざまなやり方で示した。そのうちの一つが、ワイト島で摘んだ野の花プリムローズの花輪を贈ることだった。ヒュンデン・パークの芝の堤に咲くこの花をみるのを、彼は楽しみにしていた。花輪に添えられたカードには、女王自身の手によって、「彼の好きな花［His Favourite Flower］」、オズボーン〔女王の別荘があるワイト島の地名〕より、ヴィクトリア女王からの愛情と惜別の贈り物」と書かれていた。花輪は女王の代理であるレオポルド王子によって棺の上におかれた。この花は当日の朝にオズボーンの美しい芝地で摘まれ、特別の使者によって花輪として送られてきた。〔……〕葬儀の後、花はもちだされ、墓の柵にかけられた〔……〕女王からはもう一つの花輪も贈られた。こちらは永久花とベイリーフの花輪である。この花輪を包む白いサテンの端には、次のことばが金色に刺繍されていた。一方には「ヴィクトリア女王より」、他方には「真実の愛情、友情、愛惜の印に」。（*Times*, 27 April 1881）

図2　ヒュンデン教区教会におけるディズレイリの葬儀。
(Helen Langley (ed.), *Benjamin Disraeli : Scenes from an Extraordinary Life*, Oxford, 2003, p. 148.)

こういう書き方をされると、まるであたかも女王自身がディズレイリのために心を込めてプリムローズを摘んだかのような印象を受けても不思議ではない。同じ女王から贈られたもう一つの花輪に比べて、プリムローズにかかわる叙述はいかにも念入りである。葬儀の場では、他の王族もバラやカメリアを捧げているが、これらの花についてはなにも語られておらず、プリムローズは明らかに特別扱いされているといえる。そして、プリムローズを媒介とした女王とディズレイリの親愛な関係のイメージは、早くも四月三〇日（葬儀のわずか四日後）に女王自身が墓参に訪れたというエピソードによって、さらに強められる。葬儀と墓参を通じて、プリムローズには、〈女王に政治家として高く評価され、私的にも信頼されたディズレイリ〉を象徴する花という意味が与えられたのである。

## 〈仕掛け〉

この時代のイギリスでは、そもそも葬儀に花を捧げること自体が珍しく、葬儀の場でのプリムローズは大変に印象的であったにちがいない。そして、ヒュンデンのプリムローズにインスパイアされた人物のなかには、この花をディズレイリのシンボルとして浸透させようと考えた者もいた。そんな〈仕掛け人〉の一人が元インド省官僚のジョージ・バードウッド（植物学とインド美術の権威として知られ、官僚任用制度の改革に向けて論陣を張った経歴ももつ）である。最初の命日である翌一八八二年の四月一九日に向け、彼は、この日にプリムローズを着用するようにと呼びかける投書を新聞各紙に寄せる、さらに、ロンドン中の花屋をめぐってプリムローズをストックするよう要請する、といった根回しを行い、そのうえで、次のようなやや胡散臭い手紙を『タイムズ』に送っている。

ここ数日、ロンドン、特にウェスト・エンドのあらゆる地区の花屋において、「ベコンズフィールド・ボタンホール」なるものの需要が大きくなっているのは、特筆に価する興味深い事実です。それは今月一九日のベコンズフィールド卿の命日に着用するためのプリムローズの小さな花束です。プリムローズが彼の好きな花だったことを思いだしてください。

（*Primrose League Gazette*, 1 April 1907）

自分の〈仕掛け〉は棚にあげて、まるで自発的にプリムローズの需要が高まっているかのようにいうわけである。バードウッドたちの動きがどれほどの影響をもちえたのか、正確に把握するのは困難だが、命日にプリムローズを着用する慣習を広めようとする動きが存在したことは確認しておきたい。

それでは、こうした〈仕掛け〉の後に訪れた最初の命日の様子はどうだったかといえば、まちがいなく前年以上のプリムローズが目撃された。ヒュンデンのディズレイリの墓にはまたしても女王から贈られたプリムローズの花輪が飾られ、墓をかこむ柵には地元の学校の生徒たちが摘んだプリムローズの花輪がかけられたし、墓参に訪れた人々の多くもプリムローズのブーケを携えていた。また、ヒュンデンだけでなくロンドンにおいても、かなりの数の人々がボタンホールや帽子にプリムローズをあしらっていたという。四月一九日を彩る小道具にプリムローズを利用することが慣習化してゆく兆しが、明らかに認められる。一年前に語られたプリムローズを媒介とする女王とディズレイリの親密な関係のイメージを依然として胸に抱く人々は、〈仕掛け〉に対して積極的に応えていったのである。

## ディズレイリ像除幕式

プリムローズ・デイの慣習が定着するための決定的なきっかけを提供したのが、翌一八八三年四月一九日にロンドンはウェストミンスターのパーラメント・スクエアで行われたディズレイリ像の除幕式だった（図3）。この年には、四月一九日に向けて早めにプリムローズを注文することを呼びかける花屋の広告が『タイムズ』紙上に掲載されたりもしており、プリムローズを準備して四月一九日を迎えようとする人々がいよいよ増えていたと考えられる。保守系の

図3　ディズレイリ像の除幕式。(Margaret Baker, *London Statues and Monuments*, Princes Risborough, 1995, p. 25.)

日刊紙『モーニング・ポスト』は、四月一九日当日の論説において、「ほとんど自然発生的」な盛りあがりを歓迎し、その行く末を予言している。

あらゆる階層のディズレイリの賛嘆者、支持者たちが彼の記憶のために銅像を設立した。今日、彼の命日に除幕されることになっているこの銅像は、壮麗な古い寺院〔ウェストミンスター寺院〕の影が投げかけられ、政治家としての彼の最大の勝利が達成され、彼の名声の基礎が築かれた立法府の二つの議院を望む場所に、近代の最も高貴な政治家たちの銅像とともに、幾世代にもわたって立ちつづけるだろう。〔……〕

美しいもの、簡素なもの、上品なものに目ざとかったこの偉大な政治家は、ある道端の花を好んだ。この花はちょうど今が一番の見頃であり、彼の葬送を彩った花輪にも多く使われた。今年、この花は非常にたくさん美しく咲いている。そして、偉大な伯爵の命日に銅像を除幕することが決定されると、彼の愛した美しいものによって今日のセレモニーを明るくするために、この政治家の好きな花を装飾として身につけようというほとんど自然発生的な提案が行われた。このアイデアが一度口にされるや、人々は熱狂的にそれに賛同した。全国でプリムローズが買い求められている。田舎においてであれ都市においてであれ、ウェストミンスターの大きなパーラメント・スクエアで今日みられるであろうほど多くのプリムローズがみられたことはおそらくなかった。それは時代を画するだろう。今後、「プリムローズ・

デイ」がわれわれの暦に位置を占めることになるだろう。（*Morning Post*, 19 April 1883）

この日の除幕式が契機となって、プリムローズ・デイが毎年恒例の記念日として定着してゆく、という予言であり、以下でみるとおり、この予言は見事に的中する。もちろん、メディアや〈仕掛け人〉の操作だけで一つの慣習が定着することはありえず、〈仕掛け〉に応えてゆく動きが欠かせないわけであるが、それでも、プリムローズの〈伝説〉やプリムローズ着用の慣習を浸透させようというはっきりとした意志をもつ『モーニング・ポスト』が強い力を行使していたことはまちがいない。

あいにくの雨に見舞われたにもかかわらず、除幕式当日のロンドンでは、多くの人々がプリムローズを身につけ、少なからぬレストランやクラブの窓辺がプリムローズで飾られた。馬車を牽く馬の耳にプリムローズをつけた御者もいた。いわば思惑どおりの展開になったのであり、『モーニング・ポスト』の報道は実に上機嫌である。

昨日、ベコンズフィールド伯爵の命日が、この真に偉大な人物の記憶に大変ふさわしいやり方で祝われた。ロンドンの街頭では、ボタンホールへのプリムローズ着用がほとんどいたる所でみられた。ロンドンのあらゆる地区で、イングランドの最も献身的な息子の一人の美徳と奉仕を偲ぶ証左となるこの装飾品を着用している人々が多く目撃された。（*Morning Post*,

20 April 1883)

あらゆる場所にプリムローズがみられた。ジェントルマンたちのボタンホールに、レディたちのボネットに、銅像の台座に大量に敷きつめられて、敷地内のいくつかのポイントにバスケットにアレンジされたかたちで、記念の花輪に、あるいは単独で、あるいはヴァイオレット、バラ、シャムロック、アザミとともに編み込まれて。さらに、この慎ましい花は銅像をとりかこむ群衆の装飾品としても大量に目撃された。(*Ibid.*)

注目したいのは、二つめの引用にある「銅像の台座に」という部分である。つまり、ディズレイリ像をプリムローズで飾りつける慣習の端緒は、銅像除幕式のまさにその日にあったのである。そして、銅像という墓に対抗しうる〈巡礼の場〉を得たためもあって、この日を境に、プリムローズ・デイの焦点はヒュンデンからロンドンへと移行してゆく。

プリムローズが広くみられたなかでも、とりわけ多くのプリムローズが集中したのは、やはりこの日のいわばメイン・イヴェントであったディズレイリ像の除幕式の場面だった。「銅像の台座に大量に敷きつめられ」たばかりでなく、列席者のほとんどがプリムローズのブーケを携えており、また、銅像の前には皇太子からのプリムローズの花輪がおかれた。銅像設立委員会の委員長は、除幕式のスピーチで次のようにプリムローズに言及している。

今私たちが目にしているこれらの美しい花に関してですが、昨日から今日にかけて、私はあらゆる階級の人々から、帝国のあらゆる地域から、王族の方々からも姫君たちからも零細農民たちからも、少なくとも一〇〇万に上るプリムローズを受けとりました。そして、それがスコットランドからであれウェイルズからであれ、プリムローズを送った人々は協力という一つの感情によって突き動かされていたのです。(*Ibid.*)

階級や地域にかかわりなく、誰もがディズレイリ追悼という一点においては一致できること、そして、追悼の思いがプリムローズという花に託されていることが語られるわけである。こうした論調は、後段でみるように、ディズレイリを〈国民的英雄〉として造形してゆく際に常套的に用いられることになる。

## プリムローズ・デイの定着と〈大衆化〉

こうして一八八三年四月一九日にほぼその原型を確立させたプリムローズ・デイは、その後、順調に定着してゆく。毎年四月一九日には、それが当然であるかのように、ディズレイリを偲ぶイヴェントが開催され、イヴェントに際してはプリムローズが重要な小道具として利用された。そして、プリムローズ・デイが定着するプロセスにおいて圧倒的に人目を惹くようになったのが、プリムローズで飾りつけられるディズレイリ像だった（図4）。除幕式の日にはまだ台座にとどまっていたわけだが、プリムローズによる飾りつけはまもなく銅像そのものに及び、それどころか、ディズレイリの頭の部分にプリムローズの冠が載せられたり、果ては電飾を施すことが試みられたり（これは結局失敗した）、といったエスカレイションの様相を呈してゆく。

やりすぎとも悪趣味とも思われるほどに過剰な飾りつけが施されていった背景では、一つの事態が進行していた。すなわち、ディズレイリ像の飾りつけが多くの見物人の興味を惹き、ディズレイリを信奉するわけでもない者たちが大挙して四月一九日にディズレイリ像を訪れるようになる（単に飾りつけを見物するだけではなく、プリムローズを身につけたり銅像に献花したりする者も少なくなかった）、という事態である。たとえば、一九〇一年のプリムローズ・デイの様子は次のように報道されている。

美しい春の日であったため、何千何万もの人々が、ベコンズフィールド像の飾りつけをみようと、そして、銅像の立つ敷地内にプリムローズの花束をおいてこの政治家の記憶への敬意を示そうと、パーラメント・スクエアに集まった。（*Times*, 20 April 1901）

この引用に限らず、定着したプリムローズ・デイについての報道をみると、ディズレイリ像を訪れる者たちの行為はしばしば「眺める［view］」「検分する［inspect］」といった動詞で表現され、

**THE ANNIVERSARY OF LORD BEACONSFIELD'S DEATH**

Grand Habitation which meets on May 6 and 7 has a double aspect. It meets not only for the dispatch of business, but no less to celebrate the anniversary of the formation of the Primrose League, and to perpetuate the memory of Benjamin Disraeli, Earl of Beaconsfield, the day of whose death is hallowed as Primrose Day.

By kind permission of *The Daily Graphic.*

**Homage to the great statesman paid at the Beaconsfield Statue in Parliament Square on Primrose Day.**

PRIMROSES were to be seen everywhere in London on Primrose Day, the anniversary of the death of Lord Beaconsfield. Crowns and festoons of primroses adorned the Beaconsfield statue in Parliament Square, which was beautifully decorated this year according to a design approved by Grand Council. In front was a shield with the Union Jack done in red geraniums, white stocks and blue cornflowers, and beneath were the words, "Peace with Honour," in Parma violet letters.

図4　ディズレイリ像の飾りつけ（1909年）。
(*Primrose League Gazette*, 1 May 1909.)

銅像そのものよりもむしろその飾りつけがこの行為の目的語におかれることが多くなっている。典型的には、In Parliament-square large crowds assembled throughout the day to view the decoration of the Beaconsfield's statue といった調子である。

つまり、ディズレイリを追慕し、その業績や政治路線を顕彰するまなざしよりも、いわば毎年お決まりのアトラクションとなった飾りつけを見物するまなざしが前面に出てきたのである。交通整理のための警官の増員が必要になるほどの混雑をみせるようになったプリムローズ・デイのディズレイリ像周辺には、プリムローズの花やバッジで便乗ビジネスを展開する者たちが出没し（ディズレイリ像の写真、「プリムローズ・チョコレート」や「プリムローズ・ビスケット」、さらには子ども向けの小説も商品化された）、ディズレイリ像の飾りつけを管轄するプリムローズ・リーグ（ディズレイリの政治路線の継承をうたって一八八三年一一月に設立された政治団体、ヴィクトリア時代で最大の政治団体といわれる）も、ブローチ、パラソル、その他、プリムローズを象ったグッズ（図５）を精力的に販売した

図５　1886年にプリムローズ・リーグが発売したプリムローズ・プレイト。(Langley, *op. cit.*, p. 150.)

が、こうした事態を招き、プリムローズ・デイにお祭り騒ぎのような雰囲気を与えていたのは、ディズレイリの記憶と精神に傾倒するしょせんは少数の者たちではなく、ディズレイリ像の飾りつけに主たる関心がある大勢の見物人のほうだった。プリムローズ・デイの定着はその〈大衆化〉を不可避的にともなっていたのである。そして、プリムローズによるディズレイリ像の飾りつけが見物人の人気を集めるこのような状況は、第一次大戦の時期までつづくことになる。定着するとともに〈大衆化〉してゆくプリムローズ・デイにどのような意味があったのか、一八八八年のプリムローズ・デイに寄せた『タイムズ』の論説を素材に考えておこう。

プリムローズは保守のエンブレムとなった。しかし、昨日プリムローズを身につけた多くの人々は、自分のことを保守的だとさえ思っていない〔……〕四月一九日がやってきたとき、ボタンホールにプリムローズを挿すのは正しいことなのである。これは、保守的な人々にとってだけでなく、保守的でもリベラルでもなく、他人がしていることを自分もすることに関心がある中立的な人々の誰にとっても承認済みのルールである。人間は模倣をする動物である。そして、プリムローズ・デイは模倣が非常に簡単で、しかもそれ自体として非常に魅力的な儀式をもたらした〔……〕ある者はベコンズフィールド卿のために、またある者はプリムローズ自体のためにプリムローズを身につける。結果的に、ほとんど誰もがプリムローズを身につけるわけである。プリムローズは党派のシンボルであり、個人崇拝を示している。

そして、それは愛らしい花である。（*Times*, 20 April 1888）

ここで指摘されるのは、年中行事と化したプリムローズ・デイにプリムローズを着用する者が、ディズレイリ信奉者と見物人へと二極分化していることである。そして、これら二種類の者たちのうち、プリムローズ・デイが社会的に認知されるうえで決定的な役割を果たしたのは後者であった。仮に、ごく一部のディズレイリ信奉者だけがプリムローズを着用し、ディズレイリ像を訪ねていたのだとしたら、プリムローズ・デイが広く、しかも継続的に注目を集めることは難しかったにちがいない。少数の者のマニアックな行動に世間はいつまでも関心を示さないからである。ディズレイリ信奉者だけでなく、プリムローズを着用したりディズレイリ像の飾りつけをみたりすることを楽しみにする者たちがさらに多く登場してきたからこそ、プリムローズ・デイは世間の興味を惹き、毎年恒例の記念日として認知されることができた。しかし、このことは、ディズレイリを追悼し、その政治路線を賛美するという当初の趣旨からの逸脱、プリムローズ・デイの政治的意味の希薄化をも意味したのであって、ディズレイリ像の周辺にはディズレイリにさしたる思い入れもない人々の姿のほうが目立つようになってゆく。そこに漂っているのはピクニック気分のようなものである。とはいえ、ごく軽い気持ちでプリムローズを身につけ、ディズレイリ像の飾りつけを眺める見物人たちが保守主義の影響と無縁でいられたかといえば、そうでもないだろう。ディズレイリという保守党の元党首の命日である限り、プリムローズ・デイは政治的に中立ではありえない。ディズレイリをなんとなく好意的に想起し、そのことを通じて保守党になんとなく親近感を抱く気持ちは、少なからぬ見物人に植えつけられたはずである。つまり、年中行事化してゆくプリムローズ・デイは、政治的意味を薄めつつもそれを完全に喪失することはないまま、多くの人々をいわば〈無自覚な保守主義者〉として動員する機能を果たしていたことになる。

## 党派・階級・地域をこえる

それでは、毎年恒例の記念日となった命日においてディズレイリはどのように語られたのだろうか？　プリムローズ・デイの定着という事実は、少なくとも年に一回、反復的にディズレイリを偲び、ディズレイリとはどんな人物であったかを語る機会が訪れることを意味する（もちろん、命日以外の機会に想起されることもあっただろうが）。命日に故人について語ること自体は珍しくないが、ディズレイリの場合、それがプリムローズに彩られたお祭り騒ぎにも似た雰囲気のなかで行われたこと、そして、ディズレイリ像の飾りつけの人気ゆえに、小さくないオーディエンスに向けて、死後延々と行われたこと、これら二点において著しい特徴がある。また、いうまでもなく、こうした命日におけるディズレイリの記憶の語りでは、ディズレイリにまつわるある側面がクローズ・アップされ、また別の側面は忘却・隠蔽される。これからしばらく、主としてプリムローズ・デイにかかわる場面でのディズレイリの語られ方からどんな意図の作用を読みとれるか、考えてみたい。

まずなによりも目につくのは、ディズレイリを党派をこえた存在として描こうとする意図である。除幕式のスピーチからみてみよう。

ベコンズフィールド卿の記憶はイングランド国民の心に長く生きつづけるでしょう。〔……〕それは、彼が党派的な問題よりも幅の広い感情によって鼓舞され、幅の広い理念によって動かされていたからです。(*Morning Post*, 20 April 1883)

『モーニング・ポスト』もまた、除幕式に保守党だけでなく自由党からも多くの有力政治家が列席したことを評価し、次のようにディズレイリの超党派的性格を論じている。

彼の墓の前では、党派間抗争の雑音や騒音はたちどころに静かになる。能力という真正の力によって国家の最高の地位にまで上りつめたこの人物を、傑出した政治家として、軽んじえない詩人として、ずば抜けた能力の議会指導者として、文明世界全体の称賛をかちえたこの人物を、すべてのイングランド人は誇りとしているのである。(*Ibid.*)

もちろん、「すべてのイングランド人」などというのは『モーニング・ポスト』が勝手に決めつけているだけである。「すべてのイングランド人」を主語に据えることで、かなり強引に、党派をこえた、いわば〈国民的〉な存在というイメージの下にディズレイリを描こうとする意図は明らかだろう。しかも、こうした論調は、『モーニング・ポスト』や『タイムズ』のような保守系の新聞のみから発せられたわけではなく、たとえばリベラル系を代表する『マンチェスター・ガーディアン』も、ディズレイリの死に対して「すべてのイングランド人」が「悔やみと敬意」を捧げるだろうと論じている。

「すべてのイングランド人」といってしまう以上、当然の理屈になるが、ディズレイリを追慕する感情は党派だけでなく階級や地域をこえたものとしても性格づけられた。さきに引用したとおり、除幕式でプリムローズに言及したスピーチが、「姫君」であれ「零細農民」であれ、「帝国のあらゆる地域」の人々がディズレイリ追悼に関しては一致しうるという趣旨を述べていたことを想起されたい。除幕式のスピーチから、もう一つ紹介しよう。

二年前の今日、首都中で、そして国中でといっても過言ではないくらい、深く真正で優しい感情が表現されました。〔……〕最上層から最下層まであらゆる階層の人々が、憂慮と同情、悲しみという共通の感情を抱いていたのです。(*Ibid.*)

あるいは、一八八八年のプリムローズ・デイの様子を伝える報道には次のようにある。

〔……〕富者も貧者も場を同じくし、一緒になって記念碑の足元に敬意の印を投げた〔……〕ときには貧しい身なりの見物人が、花束ではなく一輪のプリムローズを投げることもあった〔……〕シティでの取引に従事する者たち、ウェスト・エンドのレディたち、馬車を牽く御者たち、バスの運転手たち、使い走りの少年たち、看護婦たち、誰もが同じテイストを示し、結果的にプリムローズへの需要は大きなものとなった。(*Primrose League Gazette*, 21 April 1888)

また、プリムローズ・デイの慣習は全国に（帝国植民地にも）広がっていたから、プリムローズ・デイは単なる「ロンドンの人々の日」ではなく「ナショナルな〔国民的な、全国的な〕関心事」である、と主張することも可能だった。ディズレイリは階級や地域の壁をこえた存在だというわけである。

一口にいえば、こうして描きだされるのは、〈イングランド全体のために献身し、党派や階級、地域をこえて国民全体の追悼・愛惜の対象となっているディズレイリ〉というイメージである。保守党を利するためでも、特定の階級や地域を優遇するためでもなく、イングランド全体のために献身したディズレイリは「国民全体のもの」だというのである（イギリスのために、イギリス帝国のために、といった語りもあるが、イングランドのために、というそれが圧倒的に多い）。一八八四年のプ

図6　ディズレイリを悼むブリタニア。
(*Punch*, 30 April 1881.)

リムローズ・デイに寄せて、『タイムズ』は、「国民の心には〔……〕依然として大きな悲しみの感情が残って」おり、「イングランドは自分たちがどんなにこの人物を好きだったか〔……〕を理解した」と述べるが、「国民の心」「イングランド」という表現が（不当にも）用いられることを通じ、ここでディズレイリはいわば〈国民的英雄〉として造形されている（図6）。

## 〈国民的英雄〉とヴィクトリア女王

ディズレイリには大きな強みが一つあった。プリムローズを介したヴィクトリア女王との結びつきである。実際、ディズレイリを〈国民的英雄〉として描こうとする際、ヴィクトリア女王との関係に言及することはきわめて効果的だった。仮に誰か単一の人物に国を代表させようとするなら、それが可能な唯一の人物が女王であり、その女王との特別に深い結びつきを指摘されることで、〈国民的英雄〉のイメージはさらに強くなるわけである。だからこそ、ディズレイリの記憶が語られるときには、女王との親密さがしばしば強調された。いくつか例示してみよう。

イングランドのために彼は生き、女王に奉仕するために彼は神から賜った能力を捧げた。〔……〕公的な場で行われた彼の発言のすべては、女王と〔……〕国への〔……〕情熱的な愛着と献身的な忠誠によって彩られていた。(*Primrose League Gazette*, 18 April 1891)

ほんの少し前のことだが〔……〕ベコンズフィールド卿の肖像画は〔ウィンザー城の廊下から〕女王自らの居室へと移された。女王の居室には、女王にきわめて忠実に仕えたこの友人の著作集がおかれていた。(*Primrose League Gazette*, 1 Jan. 1895)

さらに、毎年のプリムローズ・デイにはまずまちがいなくプリムローズの〈伝説〉〔プリムローズに彩られた二人の親密さのストーリー〕が再三にわたって語られたはずであるから、女王とディズレイリが単なる君主と忠臣の信頼関係以上の絆で結ばれていたというイメージは、いよいよ広く浸透していったと思われる。

こうしたロマンティックな雰囲気は、たとえばディズレイリのライヴァルともいうべきグラッドストンには無縁のものであった。女王はグラッドストンをひどく嫌っていたからである。ディズレイリのときとは実に対照的に、一八九八年にグラッドストンが死去した際、女王はジャーナリズムから批判がでるほど冷淡であった。プリムローズに類する贈り物をするどころか、そもそも葬儀のプロセスにいっさい関与しようとしなかったし、かろうじて遺族に弔電は送ったものの、そのなかでもグラッドストンの業績や人柄を偲ぶような内容はまったく記さなかったのである。そして、グラッドストンには望むべくもなかった女王との親密な結びつきは、ディズレイリをある種別格の存在（『マンチェスター・ガーディアン』にいわせれば、ディズレイリは「巨人の種に属す」）、他の政治家たちには比肩できない〈国民的英雄〉へと祭りあげることを可能にした。比較の対象にされたのはグラッドストンだけではなく、ピールやウェリントン、パーマストンといった一九世紀を代表する政治家たちを引きあいにだし、ディズレイリを一頭地抜きんでた存在として称揚する語りもしばしば展開された。

ピットもウェリントンも、パーマストンもピールも、その追憶のために壮麗な記念碑が建設されているし、彼らの徳や叡知はたくさんの銅像に示されている〔……〕しかし、ヒュンデン教会墓地ののどかな芝の下に眠るベコンズフィールド卿ほど、その記憶が生き生きと保たれている政治家はいない。（*Primrose League Gazette*, 18 April 1891）

ごく最近まで銅像がプリムローズで飾りつけられていたのであるから、ディズレイリが、グラッドストンよりもピールよりもパーマストンよりも、長期にわたって追悼の対象でありつづけたことは、おそらくまちがいない。

注意すべきは、こうした〈国民的英雄〉のイメージの造形にあたり、ディズレイリにまつわる記憶のうちで〈国民的英雄〉にふさわしくないと考えられたそれが容赦なく忘却・隠蔽されたことである。隠された記憶はさまざまあるが、一例だけ指摘しておくなら、〈ユダヤ人としてのディズレイリ〉がそうである。自身はイングランド国教会で洗礼を受けたものの、ディズレイリがユダヤ人家系の出身であることは周知の事実であり、彼の生前にも死後にも、〈ユダヤ人の代表〉としてディズレイリに言及する論調（彼の政治的栄達はユダヤ人の政治的能力の証左である、といった）はごく当たり前のものであった。また、ユダヤ人の優秀性を論じることは彼の文学作品の重要なテーマでもあった。しかし、命日にディズレイリを顕彰する語りではこの点は周到に回避されるのが常であって、私の知る限り、「偉大なイングランドのイスラエル人」という表現が用いられたことが一度だけあるが、その場合も直後には「彼はユダヤ人であるのに劣らずイングランド人であった」との補足が施され、ディズレイリがイングランド的な存在であったことが念押しされている。ユダヤ人のイメージと〈国民的英雄〉のそれとが容易に共存できなかったためと考えてよいだろう。

## ディズレイリの生命力

さきに述べたことのくり返しになるが、大事な点なのでもう一度確認すると、ディズレイリの命日は、それがプリムローズ・デイというかたちで定着したため、死後きわめて長期にわたり、ある種パブリックなイヴェントとして、通常の命日（特に死後かなりの時間が経過した場合の）とは比較にならぬほどの注目を集めつづけた。こうした事情ゆえに浮上してきたのが、ディズレイリが過去の人ではないことを強調する語りである。プリムローズ・デイに想起されるディズレイリは、単なる追慕の対象ではなく、今日的な影響力をも行使しうる人物であることを求められたのである。死後半世紀以上を経た一九三三年に出版された書物には、次のようにある。

ほとんどの首相の影響は短命である。彼らが首相の座を去ると、その影響も感じられなくなる。しかしながら、ディズレイリの影響は持続しており、増大しつつある。毎年の「プリムローズ・デイ」（四月一九日）を彩る式典と絶えることのない「プリムローズ・リーグ」の活動が、彼が死をも乗りこえる力をもっていることの証左である。（F. J. C. Hearnshaw, *Conservatism in England*, London, 1933, p. 224）

命日にくり返し語られた〈国民的英雄〉は、アクチュアルな意味をもつ人物として死後も生きつづけたわけである。

なにがディズレイリのこうした生命力の根拠とされたのだろうか？　多くの場合、それは先見性に裏打ちされた彼の政治的な信条や政策が後の時代においても充分な重要性を保持し、有益な示唆を含んでいる点に求められた。一九〇三年五月一日の『プリムローズ・リーグ・ガゼット』（プリムローズ・リーグの機関紙）は、一九世紀末から二〇世紀初頭にかけて訪れる保守党の黄金時代をディズレイリに帰している。

ベコンズフィールド卿は〔保守党の〕恒久的復活〔一八八〇年総選挙での敗北からの〕の種子をまいた。そして、彼の同僚であった有能な政治家たちは彼の開始した作業を継続した。彼の敗北から五年以内、彼の死から四年以内に、保守党は再び政権を獲得し、その後一八年間のうち一四年半にわたって政権を握っている〔……〕端的にこういうことができる。ベコンズフィールド卿の理念は、その創始者が二二年前にわれわれの許を去ったにもかかわらず、生きつづけている。〔……〕保守党の政策は変わっていないのだ。（*Primrose League Gazette*, 1 May 1903）

さらに、一九三六年になっても、ディズレイリの政治路線は依然として有効性を失っていないものとして語られる。

歳月の経過によっても〔……〕ディズレイリの生涯と業績に対する関心は減ずることがない。〔……〕保守党党首および首相としての彼の叡智と先見性は、イギリス帝国の歴史に消えることのない足跡を残した。ディズレイリアンにしてプリムローズ・リーグのグランド・マスター〔最高指導者〕でもあるスタンリ・ボールドウィン氏の指導の下、挙国一致政府〔世界恐慌下の労働党政権の崩壊を受けて一九三一年に成立、三五年にはボールドウィンが首相に就任〕はディズレイリのプロジェクトの多くを今日も遂行中である。この事実が彼の政策の正しさを証明している。(*Times*, 16 April 1936)

ディズレイリの今日的有効性に関する語りが命日の機会に反復され、その積み重ねを通じて、〈国民的英雄〉としてのディズレイリのイメージには、驚異的に強靭な政治的生命力という新たな性格が加えられていったのである。

命日の語りによって造形されたディズレイリのイメージを一口にまとめれば、次のようになろう。すなわち、〈国民全体に奉仕したことで、党派や階級、地域をこえて尊敬と愛惜を集め、なかでも女王から特別に高く評価され、私的にも愛された国民的英雄〉〈その精神が今日的状況においても有効性を発揮する稀有の先見性をもった政治家〉である。いうまでもなく、こうしたイメージがそのまま単純に受容されたなどと想定することはできない。命日の語りを聞かされた人々は、自分なりの取捨選択を行いながら、自分なりのイメージを構築したはずである。それでも、毎年確実にやってくるプリムローズ・デイという記念日が〈国民的英雄〉としてディズレイリを反復的に語る機会を提供したことの意味は小さくない。年に一度プリムローズを着用したりディズレイリ像を訪れたりする者たちにはもちろんのこと、報道を通じて少しでもプリムローズ・デイに関心を寄せる者たちにも、〈国民的英雄〉のイメージは、かなりの程度の差をともないつつ、着実に刷り込まれていったと考えられる。

## 〈伝説〉の破綻?

一八八〇年代に成立・定着したにぎやかな記念日としてのプリムローズ・デイはほぼ同じような姿で第一次大戦の時期まで継続されるが、第一次大戦をきっかけに、四月一九日のディズレイリ像を大勢の見物人がとりかこむ、といった事態は終息し、以後は基本的にディズレイリ信奉者のみが祝う記念日になってゆく。第二次大戦後ともなると、プリムローズ・デイの様子が報道されることはほとんどない。

ディズレイリとその伝統への思いをプリムローズに込める慣習をおそらくは細々と守ってい

た者たちに衝撃を与える記事が『タイムズ』に掲載されたのは、一九六一年のことであった。

ディズレイリ（その好きな花はプリムローズであると信じられていた）の「トーリ民主主義の理想」を守るために設立されたプリムローズ・リーグは、プリムローズはこの偉大な政治家の好きな花ではないという判断にいたった。

昨日リーグが開いた記者会見で述べられたのは、こういうことである。混乱は、「彼の好きな花」という献辞を添えてヴィクトリア女王からディズレイリの葬儀に贈られたプリムローズの花輪に起因すると考えられる。「彼の」という語は、今ではディズレイリではなくアルバート公〔一八六一年に死亡した女王の夫〕を指したとされている。（*Times*, 25 April 1961）

そんな馬鹿な、といいたくなるような展開である。実のところ、プリムローズとディズレイリを結びつけることへの疑念はかなり以前からくすぶってはいたのだが、それでも、プリムローズ・デイの慣習を大切にする人々は、〈プリムローズを愛したディズレイリ、ディズレイリのためにプリムローズを贈ったヴィクトリア女王〉という〈伝説〉のフィクション性におそらく薄々は気づきつつも、あえて疑いを胸にしまい込んで、美しいストーリーを守ってきた。その〈伝説〉がついに公式に否定されてしまったのである。

にもかかわらず、冒頭で述べたように、プリムローズ・デイにディズレイリ像を飾りつける慣習は、公式の否定の後もごく近年まで〔ディズレイリの死から一世紀以上、公式の否定から三〇年以上にわたって〕つづけられた。プリムローズ・デイの慣習はすでに一人歩きを始めており、プリムローズとディズレイリをめぐる〈伝説〉は、その真実性がどんなかたちで否定されようとも、もはや覆しようがなかったということかもしれない。あるいは、フィクションであることが暴かれたところで、ディズレイリとプリムローズ・デイの慣習を愛する人々にとっては、それはさして重要なことではなかったとも考えられる。一九七〇年の『タイムズ』に寄せられた次の投書は、公式に否定されてもなお、〈伝説〉が語られつづけていたことを示唆する。


今朝〔一九七〇年六月二五日〕の『タイムズ』の記事で〔……〕ヘンリ・スタナップはプリムローズをディズレイリの好きな花と書くという古典的誤りを犯しています。

ディズレイリが死んだ際、ヴィクトリア女王は「彼の好きな花」と書いたカードを添えてプリムローズの花束を贈りました。誰もが、プリムローズはディズレイリの好きな花だという意味と考えました。だからこそ、プリムローズ・リーグその他が生まれたのです。

プリムローズはアルバートの好きな花でした。(*Times*, 27 June 1970)

〈伝説〉を信じるかのような記事が依然として『タイムズ』紙上に掲載されているという指摘であり、ここから推測できるのは、それがフィクションであろうがなかろうが、ディズレイリを追慕する人々には〈伝説〉を返上するつもりはなかったらしいことである。一八八一年以来一貫してディズレイリのシンボルの役割を担わされてきたプリムローズは、どんなに否定されても、真偽という次元をこえて、やはり〈ディズレイリの好きな花〉にほかならないのである。

## プリムローズの力

一九世紀以降の保守党を代表する政治家といえば、現在でもきわめて多くの人々がディズレイリを思い浮かべる。たとえば、一九九四年に保守党議員を対象として行われた「最も影響を受けた著述家、書物」に関する調査では、ディズレイリの名をあげる者が一番多かった。保守党近代化の礎石を築き、穀物法撤廃（一八四六年）という歴史的決断をくだしたピール、一八八六年以降の保守党の黄金時代を実現し、一四年近くにわたって首相の座にあったソールズベリ、さらには、第二次大戦を勝利に導いたチャーチル、等の有力な対抗馬をさしおいて、多数派政権を率いた経験は一度しかなく（一八七四〜八〇年）、失政も少なくなかったディズレイリがなぜこうした地位を獲得することになったのだろうか？

当然、複数の理由をあげることができる。ユダヤ人家系という出自、充分な財産やオクスブリッジ教育の欠如、放蕩な生活が招いた膨大な借金、といったハンディキャップを乗りこえて首相にまで上りつめた立身出世譚、小説家としてのキャリアが醸しだす余人にはない芸術的雰囲気、等々。そして、これらの理由に劣らず、ここまでみてきたように、ディズレイリがプリムローズに結びつけられ、毎年反復されるプリムローズ・デイの語りによって〈国民的英雄〉に仕立てあげられたことは重要な意味をもつと思われる。プリムローズの〈伝説〉が女王とディズレイリの親密さを描きだしたことも、ディズレイリを〈国民的英雄〉として印象づける力となったばかりでなく、ディズレイリにロマンティックでドラマティックな雰囲気を付与する作用を及ぼした。さらに、プリムローズ・デイが例外的に長期にわたって継続された結果、ディズレイリには並外れて強靭な生命力が担保された。ピールもウェリントンも、パーマストンもグラッドストンも、各々に追悼されはしただろうが、プリムローズほど魅力的なシンボルに結びつけられることはなく、ディズレイリほど継続的に想起されはしなかった。ディズレイリの記憶は、プリムローズにシンボライズされることを通じて、他の政治家をしのぐインスピレイションを後の時代にも提供しつづけた。慎ましい花、花にまつわる〈伝説〉、花にまつわる記念日がもつ力である。

参考文献

小関　隆「プリムローズの記憶——コメモレイトされるディズレイリ」『人文学報』八九号、二〇〇三年一二月。

――――『プリムローズ・リーグの時代――世紀転換期イギリスの保守主義』岩波書店、二〇〇六年。

ブレイク、ロバート『ディズレイリ』谷福丸訳、大蔵省印刷局、一九九三年。

マッケンジー、ロバート、アラン・シルヴァー『大理石のなかの天使――英国労働者階級の保守主義者』早川崇訳、労働法令協会、一九七三年。

光永雅明「銅像の貧困――一九―二〇世紀転換期ロンドンにおける偉人銅像の設立と受容」、阿部安成、小関隆、見市雅俊、光永雅明、森村敏己編『記憶のかたち――コメモレイションの文化史』柏書房、一九九九年。

宮北恵子、平林美都子『イギリス祭事カレンダー――歴史の今を歩く』彩流社、二〇〇六年。

村岡健次『ヴィクトリア時代の政治と社会』ミネルヴァ書房、一九八〇年。

――――「ヴィクトリア女王とディズレーリ」、川本静子、松村昌家編『ヴィクトリア女王――ジェンダー・王権・表象』ミネルヴァ書房、二〇〇六年。

※　本稿は、参考文献として掲げた拙稿の一部に手を加えたものである。

# 大地に軍隊を捧げた日
## ――ナチスの収穫感謝祭

藤原　辰史（ふじはら・たつし）

京都大学人文科学研究所助教（二〇〇七年三月まで助手）。一九七六年生まれ。京都大学人間・環境学研究科博士課程中途退学、二〇〇二年より現職。専攻は、農業思想史・農業技術史。現在は、ナチス時代の農民生活について研究を進めている。著作として、『ナチス・ドイツの有機農業――「自然との共生」が生んだ「民族の絶滅」』（柏書房、二〇〇五年）、「耕す体のリズムとノイズ――労働と身体」（京大人文研「身体の近代」班・菊地暁編『身体論のすすめ』丸善、二〇〇五年）、「犂と剣――ナチスの技術崇拝」（『経済史研究』第九巻、大阪経済大学日本経済史研究所、二〇〇六年）、「稲も亦大和民族なり――水稲品種の『共栄圏』」（池田浩士編『大東亜共栄圏の文化建設』人文書院、二〇〇七年）、「学に刻まれた満洲の記憶――杉野忠夫の『農業拓殖学』」（山本有造編『満洲――記憶と歴史』京都大学学術出版会、二〇〇七年）など。

## 一〇〇万人の祝典

一九三四年二月二七日、ナチスの制定した国民休日法によって、三つの祝日が定められた。五月一日が「国民労働の日」、復活祭の五週前の日曜日が「英雄記念日」、そして、聖ミカエルの日である九月二九日の次にくる日曜日が、「収穫感謝の日《エルンテダンクターク》」である。ほかにも、権力掌握の日（一月三〇日）、党創設の祝日（二月二四日）、総統の誕生日（四月二〇日）、母の日（五月の第二日曜日）、夏至（六月二一日）、ニュルンベルクの党大会（九月上旬）、一九二三年のミュンヘン一揆を記念した、運動に倒れた人々の記念日（一一月九日）、冬至（一二月二二日）、民族のクリスマス（一二月二四日）がある。

こうした祝日は、単に、国民社会主義ドイツ労働者党（以下、ナチ党）の歴史を記念するばかりでなく、ナチスの敵の記念日をも、そのイデオロギーに染め抜いた。たとえば、一八八九年に第二インターナショナルが定めたメーデーを「国民労働の日」に換骨奪胎したり（「第三帝国」には階級は存在しないとされたから）、もともとは教会で挙行された第一次世界大戦の死者を悼む「全国民哀悼の日《フォルクストラウアーターク》」という名称を、「英雄記念日《ヘルデンゲデンクターク》」という軍国主義的な名称に変更したりした。マルクス主義もキリスト教も、ナチズムに対立するものであると同時に、手本だったからだ。

さらに重要なことは、ほとんどの祝日には祝典も開催されたことである。ナチスは、ラジオや新聞、映画などで盛んに宣伝し、たくさんの人々を会場に集めた。ヒトラーへの忠誠を誓わせ、国家の一員としての誇りをもたせることで、戦時には勝利のために身を捧げる心構えを、参加者に植えつけるのである。ナチスの祝日は、祝典を通じて国威を発揚させる最大のチャンスだった。

この意味で「収穫感謝の日」は、そのチャンスを最大限に生かした祝日だといえる。この祝典は、正式に法律で定められる前の一九三三年からすでに、「ドイツ農民の日」や「収穫感謝の日」と呼ばれていたように、祝典が祝日に先行していた。祝典のない「収穫感謝の日」はありえないのである。収穫を祝うために祭日を定めた例は、ドイツではナチスが最初で最後であることも見逃してはならないが（ここにはナチスの反都市的農本主義が反映している）、「収穫感謝の日」がナチスの祝典のなかで最も多くの人間を動員したという単純な事実が、むしろここでは重要である。参加者は、驚くべきことに、第一回目の感謝祭で五〇万人、最後の第五回は一二〇万人を超えたといわれている。四〇〇万人以上の人口をすでに抱えていた首都ベルリンには及ばないにせよ、一九三九年現在のミュンヘンの人口、八一万をすべて集めても足りないほどの、とにかく巨大な祝典なのである。図1は、一九三三年の様子を空から写したものだが、

図1　1933年の収穫感謝祭の様子。
（*Nürnberg und Bückeberg* 1933 より）

これだけでも、この祭の巨大さを感じとることができるだろう。

たしかに、ユダヤ人を「二級の市民」としたことで有名ないわゆる「ニュルンベルク法」の制定や、軍需産業の活性化を目指した「四カ年計画」が発表された党大会とは異なり、収穫感謝祭は政策史のなかでさして重要ではない。しかしながら、ナチスの民衆動員の威力を、これほど示している例はない。参加者は、ほとんどが党員であった党大会とは異なり、必ずしもナチズムを信奉しているとはかぎらなかった。それどころか、一九三四年前半の激しい干ばつと穀物不足、穀物強制調達の導入、闇取引の禁止、さらに一九三六年の再度の凶作などに苦しめられるなかで、政府に対する農民たちの不満は非常に大きかった（古内　二〇〇三参照）。年々、危機が深刻化したにもかかわらず、参加者数はますます増えていったのである。

興味深いことに、会場では原則として飲酒が禁止されていたが、ビールは例外だった、という（Gelderblom, S. 34）。ニュルンベルク党大会のような「厳粛さ」や「規律正しさ」よりも、「熱狂」と「陶酔」こそ、この祝典の特徴なのである。党大会の写真と比べてみよう（図2、図3）。図2は、一九三三年の収穫感謝祭。ヒトラーが「総統の道」という花道を歩く途中だ。

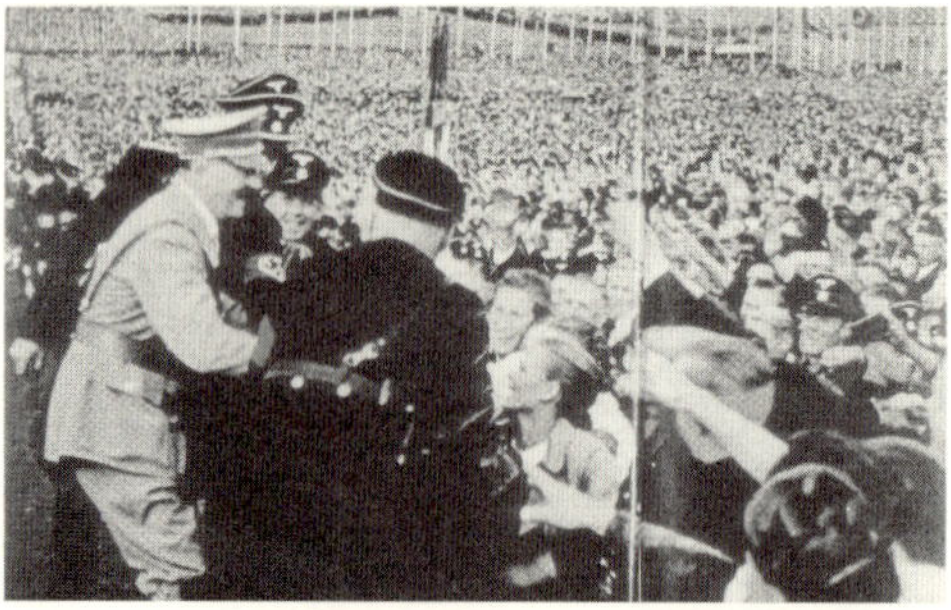

図2　「総統の道」でのヒトラー（日付は不明）。
（Gelderblom, S. 42.）

図3　1933年のニュルンベルクの党大会の様子。
（*Nürnberg und Bückeberg* 1933より）

図3は、同じく一九三三年の党大会。運動で倒れた死者の記念碑に向かうヒトラーとその従者である。同じヒトラーの行進でも、党大会は整然としているのに、収穫感謝祭は騒然としている。この写真からだけでも、当時の会場の熱気を追体験することができよう。

ビールに泥酔した人が果たしてどれほどいたかについてはここでは措くとしても、アルコール禁止の収穫感謝祭で、参加者はいったい何に陶酔したのだろうか？ ナチ党の機関誌『フェルキッシャー・ベオーバハター』（以下、引用中の表記は VB）、ヒトラーの演説、ゲッベルスの日記、『ニュルンベルクとビュッケベルク　一九三三』（一九三四）という記念誌、参加した作家の記録などを史料とし、唯一のまとまった研究であるハーメルンの郷土史家ベルンハルト・ゲルダーブロムの『ビュッケベルクの帝国収穫感謝祭　一九三三―一九三七』（一九九四）を手がかりにしながら、まず、前半で、祝典の準備段階、一九三三年の第一回、そして転換点となった一九三五年の第三回を中心に紹介する。後半では、その参加者の陶酔の対象を「会場、軍隊、総統」の三点にしぼって考えてみたい。

## 祭の準備

収穫感謝祭を企画したのは、食糧農業省ではなく、ヨーゼフ・ゲッベルス率いる民衆啓蒙宣伝省である。奇妙なことに、食糧農業大臣のリヒャルト・ヴァルター・ダレーは、農民から祝福の「収穫の花輪《エルンテクタンツ》」を受け取り、演説をするのみで、祝典の計画とその遂行にはまったく関わっていない。実際、農業生産の向上をおもな目的にすえた大会は別にあった。ダレーが責任者だった「帝国農民会議《ライヒスバウエルンターク》」である。一九三三年一月に開催された第一回のヴァイマル大会をのぞき毎年一一月にゴスラーで開催されたが、祝日ではない。また、一九三六年の収穫感謝祭にダレーは病気という理由で欠席さえしている（VB, 5 Oktober 1936）。つまり、収穫感謝祭の本質は、農業の振興ではなく、農民のナチ化、あるいは画一化なのである。

演出の責任者は、ゲッベルス直属の部下で「民族共同体の日」や「ニュルンベルクの党大会」の演出も担ったレオポルト・グッテラー、会場の設計は、ニュルンベルクの党大会と同様、ヒトラーお気に入りの建築家アルベルト・シュペーアだった。経験は豊富だが、みな若い。一九三三年当時、ゲッベルスは三六歳、グッテラーは三一歳で、シュペーアは二八歳だ。

企画の過程は、史料の制約ゆえに部分的にしか分かっていない。ただ、この場合も、もともとは九月末から一〇月初めにかけて全国各地の村々で教会や社会主義政党によって開催されていた収穫祭を、国民行事に変質させ統合したものである。

ハーメルン近郊のビュッケベルクという無名の地に会場を決定する過程も、厳密にはわからない。たとえば、グッテラーはある新聞で「この土地には戦いによってドイツ人の血が流れている」と述べているが、これはとくに、ゲルマンの首長アルミニウスがローマ軍を破った紀元九年のトイトブルクの戦いがこの近郊であったことを指している。また、当時の郷土史家は、

図4　ビュッケベルクの会場のモデル（1934年）。(Gelderblom, S. 15.)

二三歳で共産党員に殺されゲッベルスの演出によって英雄に祭りあげられた突撃隊中隊長ホルスト・ヴェッセルの祖先もこの近くの出身だったことや、ハーメルンの笛吹き男の話にいたるまで、いろいろな事実を動員してビュッケベルクがどれほど歴史に富んでいるかを説明している（Gelderblom, S. 10-11）。

しかし、実際的な問題としては、ハーメルンがちょうど鉄道の交差するところで駅が多く、交通の便が良いこと、ビュッケベルクの丘がもともとプロイセンの国有地であり扱いやすいこと、などが理由であった（*Ibid.*, S. 11）。

会場は、縦六〇〇×横二〇〇メートル（のちに三〇〇メートルに拡張）の巨大な卵形、六〇〇メートルの両端には舞台が設けられ、ゆるやかな丘の傾斜を利用した造りである（図4）。ヒトラーやダレーの演説は、下方の演壇で行われるが、この傾斜のおかげで誰もが弁士を見られる。二つの演壇のあいだには、「総統の道」という五〇センチメートルほどの高さをつけた五〇〇メートルの花道を設置し、卵形の広場は、高さ一五メートルもあるハーケンクロイツの旗によって囲まれる。七六個（一九三五年のデータ）のスピーカーのための電気工事、駐車場、トイレの設営なども不可欠だった。

会場の工事には、専門の技師のほかに、労働奉仕団《アルバイツディーンスト》の男性が投入された。一九三三年は、一八〇〇人が動員されたという。労働奉仕団とは、ボランティア組織で、最初は失業者だけで組織されていた。だが、一九三五年六月二六年の法律で一八歳から二五歳の男女は半年間無償で労働をすることが正式に定められた（たとえば、アウトバーンの建設にも動員された）。

ここでの作業は難航を極めた。たとえば、「ビュッケベルクは岩が多く、土は粘土質のため重くて、湿気の多い日は粘りのある塊となり、乾燥した日はすさまじい土埃が発生した」とある労働奉仕団の男性は述懐している（Gelderblom, S. 21）。一九三四年一〇月一日、彼らを訪問したゲッベルスも、日記にこう記している。「ビュッケベルクへ飛ぶ。とてつもなく良い天気。丘の上の方ですべてが活動中だ。〔……〕それから労働奉仕団のキャンプ地へ。大きな感動。厳しい労働に従事するこの人々はなんと幸せなことか」（Frölich, Teil I, Band 3/I, S. 113）。収穫感謝祭は、こうした裏方の「厳しい労働」によって支えられていた。大企業に委託するのではなく、ボランティア組織が建設したいわば手作りの会場だったことが、祝典の「感動」をさらに高めたことは否めないだろう。これもまた、巧みな演出である。

## 黄昏の祭——一九三三年一〇月一日

準備は整った。『フェルキッシャー・ベオーバハター』の一九三三年九月一七日・一八日合併号に、ダレーとゲッベルス両名の署名を記した公示が掲載される。

〔……〕我々はいま、種まきと収穫の時期を終えた。そこで、一〇月一日の日曜日、ドイツ収穫感謝祭が全ドイツ民族と農民層との連帯意識を表現することになった。ドイツの農民が、実りをもたらしてくれる土に、絶えずくり返し、忠実に任務を果たしたことで、ドイツは食糧の心配をせずにこの冬を迎えることができる。〔……〕ハーメルン近郊のビュッケベルクで開かれるドイツ農民の大デモンストレーションは、ドイツの全ラジオ局で中継され、全民衆はそれをともに体験する。都市という都市、村という村で「ドイツ農民の日」が厳かに準備され、それぞれの地方で連携して開催されるだろう。〔……〕（*VB*, 17/18 Oktober 1933）

当日の朝八時、ゲッベルスはラジオで全国民に呼びかける。

我が国の歴史上初めて、全国民が収穫感謝祭を祝う。この祝典は、すべての人々と関わり、すべての人々を巻き込む。これまで、村で農民が自ら挙行していたときは、都市の住人はこの祭をほとんど知らなかった。しかし、血と土というスローガンが、都市と村の深い関係を全国各地で新たに見いだすとともに、ドイツ民族のなかに、これまでとは異なった農民に対する態度が生み出されたのである。〔……〕

今日、農民は、再び「自分は農民である」と誇りを持って言えるようになった。農民身分は、今日習得して明日また転職するというようなただの業種では、もはやない。農民へと成長を遂げなければならない。農民は、公職であり、国家的な義務なのである。(*Nürnberg und Bückeberg 1933, S. 85-88*)

ビュッケベルクでは、六時からすでにアドバルーンが浮かんでいた。ビュッケベルク近郊の宿に泊まっていた農民や、陸路を汽車、バス、自転車、徒歩で、近くを流れるヴェーザー川を蒸気船やカヌーで、近くの集合場所に到着した農民は、各地に配置された案内人の指示に従って、隊列を組みビュッケベルクに向けて行進を始める。早いグループは朝の五時に到着していた。

一〇時頃、約三〇〇〇人の選抜された各地の農民たちが、それぞれの地方独自の民俗衣装を身にまとい、「総統の道」を行進する(図5)。午前中は、一五〇〇人の労働奉仕団による「ドイツの男の生命力」という集団体操を観たり、軍楽隊による大コンサート、一五〇〇〇人（一九三七年は二〇〇〇〇人）の合唱などを聴いたりしながら、ヒトラーの到着をひたすら待つ。

ヒトラーは、ゲッベルスやダレーとともに、ベルリンに飛行機でやってきた各地の計一〇〇名の農民代表を歓迎し、昼食をとる。アイントップ［Eintopf］と呼ばれる質素な雑炊だ。この日は、冬季救済事業《ヴィンターヒルフスヴェルク》の開始の日でもあった。この事業の一環として、一〇月から三月までの毎月第一日曜日に、国民の誰もがこれを食べなくてはならない。節約された食費は、失業者や野宿者の越冬のための募金に回され、彼らにもこの雑炊が無料で配布されるのである。この写真は翌々日の『フェルキッシャー・ベオーバハター』にも掲載された。

図5　「総統の道」を行進する農婦たち。
（*Nürnberg und Bückeberg* 1933.）

昼食後、ヒトラーは閣僚たちとともに飛行機でハノーファーに飛び、空港からオープンカーでビュッケベルクに到着した。ベルリンの農民代表団も別便の飛行機で移動する。

午後五時前の夕暮れ時、スピーカーからヒトラー到着が告げられる。ヒトラーが会場に足を踏み入れると、会場で七時間から一〇時間、この瞬間を待ちつづけた群衆から「ハイル」の叫び声がこだまする。

騎馬隊がギャロップでハーケンクロイツの模様を作り、ヒトラーを歓迎、その後、ヒトラーたちは、総統の道を歩いて演壇に向かう。会場は騒然となる。薄暗くなったところで、サートライトが上空に何本も向けられ、光の柱が浮かび上がる。松明が掲げられ、花火が打ち上がる。夜の演出が整う。

まずは、ダレーの演説。「アードルフ・ヒトラーの国民社会主義は、繁栄する農民層に、民族と国家の確固たる未来を約束する永遠の保証をみている」（*Nürnberg und Bückeberg* 1933, S. 82）。そしてついに、収穫感謝祭のクライマックスである。ヒトラーがマイクの前に立つ。黄昏時の演説を好む彼には絶好の条件だ。民衆が最も陶酔しやすい、と考えていたからである。


政党国家は滅び、民族国家が誕生した。後世になってようやく、ここ八カ月で起こった大転換の偉大さが、完全に評価されうるかもしれない。我々はみな、このひたすら前進する時代にあまりにも強く呪縛されていて、今の時代の進み具合を他との比較によって測ることができないのだ。（*Ibid.*, S. 78）

演説の最後はこう締めくくられる。

それゆえに、我が農民諸君、あなたたちは、かつてこの地球上で、収穫を感謝するために開催された示威運動のなかで最大のものに、ともに手を携えてやってきたのである。

しかし、これは、単なる君たちの力のデモンストレーションではなく、君たちの指導への意志が具現化した示威行動なのである。そして、この労働の祝典、収穫の祝典によって、ひとつの精神を刻み込もうではないか。我々が進むと決めたこの道と、そして我々自身を支配するこの精神を。(*Ibid.*, S. 81)

翌日付のゲッベルスの日記は、収穫感謝祭の内容と雰囲気を簡潔にまとめている。


昨日、偉大な収穫感謝祭。

朝、私はすべてのラジオ視聴者に向けて演説する。

〔ベルリンの中心街から四キロメートルほど南にある――引用者〕テンペルホーフの飛行場に着いた農民たちを歓迎。彼らはみんなとても幸福である。ダレーも一緒。ベルリンを車で凱旋。数々の旗と緑が風に揺れる。

ヒトラーとおしゃべり。初のアイントップだ。全国で一斉に。巧みな演出で実施される。味もすばらしい。〔……〕

テンペルホーフを離陸。政府が丸ごと移動。パーペンにジュネーブの報告。ハノーファー。飛行場からビュッケベルクまで幾筋の凱旋行進。五〇キロメートルの凱旋だ。筆舌に尽くしがたい。

ビュッケベルク、生きている丘。五〇万人。すさまじい人の群れ。幻想的な絵。暗くなるとサーチライトと松明が燃え上がる。すると、ダレーの演説。よし。そしてヒトラーはとてもよい。みんなを月が照らす。多くの人々が歌う。さあ、神に感謝を、と。

感動的な瞬間。こうした荘厳さを前に、あらゆるミスはかき消される。

帰り道。ハノーファーまで永遠につづく隊列を通り過ぎていく。離陸は霧の中。一時間でベルリンへ。(Frölich, Teil I, Band 2/III, S. 282-283)

ここでビュッケベルクが「生きている丘《デア・レーベンデ・ベルグ》」と表現されているが、これは、『フェルキッシャー・ベオーバハター』(e.g. VB, 3 Oktober 1933)や、のちにふれる作家の記録などにもみられる。「政府も丸ごと移動」したビュッケベルクは、ナチスにとって、まさに躍動するドイツの象徴だったのである。

## 軍隊の祭――一九三五年一〇月六日

一九三五年になると、収穫感謝祭の時間帯が夕方から昼へと以降する。そのため、サーチライト、松明や花火を用いたシュペーアお得意の夜の演出は断念された。農民たちの帰宅のさいに交通混乱が起こったことと、さらに、ビュッケベルクの後、ヒトラーら閣僚はゴスラーで催される歓迎のセレモニーにも出席しなければならなくなったことが主な理由である。

しかし、そのかわりに、近代兵器を投入した模擬戦など軍事演習が大々的に挙行されることになる。一九三五年三月一六日に「国防軍再建法」を制定、ヴェルサイユ条約の破棄を宣言し、徴兵制を復活させたからだ。これ以降、三月一六日は「全国防軍再建の日」という祝日になる。第一次世界大戦の死者を弔う「英雄記念日」は、この祝日に統合されるのである。

したがって、収穫感謝祭も、一九三五年になって一気に軍事色を強める。以下は、午後からのプログラムである。

一二時頃　総統、デモンストレーション広場に入場。
総統の到着とともに、砲台から祝砲。〔……〕
三発の大砲がデモンストレーションの開始を告げる。

ハーメルンの合唱サークルが「祝福」を歌うあいだに、収穫の冠が総統に、収穫の輪がゲッベルス博士にわたされる。空軍の七つの中隊が歓迎の飛行。
戦闘機が飛んでいるあいだ、軍楽隊が航空マーチを奏でる。大砲が轟くと演奏が終わり、国防軍の戦闘演習が開始。
〔……〕終わりを告げる大砲。
一三時頃　総統、下の舞台へと赴く
ダレーの演説
総統の演説
国歌斉唱
閉会を告げる三〇〇個のパラシュート爆弾（VB, 2 Oktober 1935）

「三〇〇個のパラシュート爆弾」はもちろん会場に落とされるのではなく、空中で爆発するのだが、花火の代わりにしてはあまりにも物騒である。なお、軍事演習は実戦形式で行われ、会場のすぐ近くから硝煙があがる。戦車や戦闘機など近代兵器も総動員された（図6）。

こうした変化は、ヒトラーの演説の終わり近くにはっきりと表れている。前半で農民を褒め称えるおきまりの文句を並べるのは相変わらずだが、肝心の締め段階になって、農民はどこかへ飛んでいってしまう。「神の摂理は、今年、単に経済的に充分な量の収穫物を我々にもたらしてくれたばかりでなく、我々をさらに祝福した。つまり、ドイツはこの年の初めから今に至るまで決定的で大量の成果を収めることができたのである。ドイツ国防軍が我々のもとによみがえった。海軍力も復活するだろう。ドイツの諸都市、美しい村々は守られるのだ。国の力、空の戦闘機がそれらを見張ってくれるのだ。／そしてさらに、特別な収穫物に感謝しよう。我々は、いまこの時、一〇万人の人々と、一〇万人の女性に感謝しよう。彼女たちが贈ることのできる最もすばらしいものを我々に与えてくれたのだ。つまり、数十万人の子どもたちである！――」(Domarus, S. 544)。

図6　会場の近くの戦車部隊。(Gelderblom, S. 46.)

ここで、感謝する対象が決定的に変質している。再軍備によって得られた兵器も、将来の兵士であり兵士の妻である赤ん坊たちも、みな「収穫物」なのである。これは、収穫感謝祭の責任者が農業大臣ではなく、宣伝大臣だったことの帰結であるとともに、「民族の生命の源」であるはずの農民さえ国威発揚の道具に変えてしまう、ナチスの宣伝至上主義、あるいは技術至上主義の帰結といえよう。

ところが、このいわば「軍隊の祭」を経て、一九三六年と一九三七年の開催で成功を収めたのち、収穫感謝祭は、一九三八年、突然中止になる。ドイツ国防軍がチェコ・スロヴァキアのズデーテン地方へ侵攻するために、ハーメルン近郊の鉄道がすべて使用できなくなったからである（Gelderblom, S. 59）。一九三八年八月一九日付のゲッベルスの日記にさえ、「ビュッケベルクの国家行事は開かれる」というヒトラーの声が記されていることから、中止の決定は、やはり突然だったのだろう（Frölich, Teil I, Band 6, S. 48）。一九三八年以降も、各地でナチス主催の収穫祭が開かれたが、一〇〇万人を集めるほどの規模の集会は、これ以後、いっさい開催されなかった。あまりにもあっけない幕切れだが、ドイツの軍国主義化という文字どおりの「収穫」を得た祭には、あるいは、ふさわしい終わり方だったのかもしれない。

## 五感への衝撃——演出のメカニズム

さて、ここからは、収穫感謝祭の演出のメカニズムをみてみよう。キーワードは、数、音、光、旗、煙、炎、霧である。

『フェルキッシャー・ベオーバハター』によると参加人数は、五〇万人（一九三三年）、七〇万（一九三四年）、一〇〇万人（一九三五年）、一〇〇万人（一九三六年）、一二〇万人（一九三七年）と年々増加している。主催者側の発表である以上、これらの数字を鵜呑みにはできないが、一九三五年の「くすんだ青色の人の海」というゲッベルスの日記での表現や（Frölich, Teil I,

Band 3/I, S. 306)、あるいは当日の様子を写した写真をみるかぎり、主催者さえ驚嘆するほどの数の人間がびっしり集まっていたことは間違いなさそうである。拍手にせよ、「ハイル」という挨拶にせよ、どよめきにせよ、歓声にせよ、通常の生活ではまず体験できない音量であったと推測される。

人間から発せられる音ももちろんだが、七二台のスピーカーで増幅される演説者の声、祝砲や軍事演習、戦闘機や戦車のエンジン音、パラシュート爆弾の爆発音なども、やはりすさまじい音だったことは容易に想像できる。プログラムの区切りにはかならず空砲が轟く。一〇〇万人の参加者をこの「歌劇」に没頭させ、陶酔させるためには、野外でも誰もが聞こえる音、つまり耳をつんざかんばかりの兵器が、最も効果的な「楽器」だったのである。さらに重要なのは、こうした轟音ののち、ヒトラーの演説がはじまる直前、一瞬、「息をのむような静寂」が会場を包んだ、ということだ（VB, 3 Oktober 1933）。この静寂も、それまでの空気が震えるような炸裂音のあとであるだけに、いっそう効果的である。また、ヒトラーが間をおくたびに、「ハイル」の叫び声と拍手で会場が沸き、ヒトラーがふたたび話し始めるとまた静かになる。静寂と歓声の切り替わり、大砲による転換のメリハリ、演説者と参加者の交流、こういったリズムもまた、必ずしもナチス信奉者ではない人々を含む一〇〇万人を魅了した収穫感謝祭の重要な要素である。

軍事演習は、実戦形式で行われた。そのため、煙もたちのぼった（図7）。もちろん、戦場

図7　軍事演習の様子。(Gelderblom, S. 46.)

にいるという臨場感を参加者は感じただろうし、劇場のスモークのような効果をあっただろう。ただ、一九三三年と一九三四年に限っていえば、それ以上に幻想的な雰囲気にしたのは霧である（ここまで演出されていたかどうかは定かではない）。夕暮れになると会場は夜霧に覆われた。一九三三年の祝典に参加していたミュラー＝パルテンキルヒェンという作家は、こう描く。「すでにヴェーザーの谷は霧が漂いはじめていた。祝典の轟音のなかに、突然、数秒にして静寂なる島が現れた」（Müller-Partenkirchen, S. 29）

　光と炎も効果的だった。夜霧に包まれ静寂になった薄暗い会場に突然、卵形の会場を囲むように設置されたサーチライトが天空に向けて放たれる。するとどうなるか。さきほどの作家は、こうつづける。「夜霧が、ビュッケベルクの丘を手探りしながら登っていく。突然、すべての投光器が天空へ向けて光を放つ。とてつもない光の充溢が、雷鳴を轟かせているかと思わせる光の力によって、デモンストレーションの広場全体を照らし、数千のハーケンクロイツの旗をパッと明るくして、塗り尽くす。こうした魔術で、光の猛威が大広場を、その血の色の防壁で囲み、暗黒の世界から光の島を浮かび上がらせる――すべてがこれほどまでに美しく魔法にかけられるのだ」（*Ibid.*）。つまり、投光器にスイッチが入れられると同時に、林立するハーケンクロイツの赤色がぼうっと浮かび上がり、会場を包むのである（図8）。それを「血」の色と表現するのは、ナチスおきまりのパターンだ。ちなみに、『フェルキッシャー・ベオーバハター』では、ヴェーザー川を表現するさいに、これまでの戦争によってドイツ人の血が流されたことから、「血の川」という言葉がしばしば用いられている。

図8　サーチライトによる演出。(Müller-Partenkirchen より)

## クライマックスの担い手――総統

そして、クライマックスだ。ヒトラーの演説である。すでに、観衆をさんざん待たせたのちに登場したとき、第一のクライマックスは終わり、五〇〇メートルの花道を農民たちの歓声のなか四五分もかけて歩いたときに（Gelderblom, S. 42）、第二のクライマックスは終了していた。ヒトラーを一目見ようと集まってきた人々も多かったからだ。ヒトラー登場のときの参加者の感情を、ふたたびミュラー＝パルテンキルヒェンに代弁してもらおう。

一分、また一分と経つにつれ、緊張感が高まる。一七時だ。喜びに満ちた感動が、参加者のあいだを新たに膨らんではしぼみ、また膨らむ。総統が来た！　自動車が突撃隊たちの褐色の人垣のあいだを進む。車寄せの道へと曲がる！　総統の自動車は騎馬隊によってエスコートされる。号令が響く。首相は最前列を観閲。突撃隊、親衛隊、鉄兜団、治安警察、労働奉仕団。さらに、総統は、中央の道に足を踏み入れる。従者と丘を登る。一歩一歩……。終わりはない。時間とは何だ？　時間は、底なし沼に落ち、歓喜の叫び、群衆のとてつもない感動の爆発を律動的に仕切ることはない。民衆は総統を欲し、総統は民衆を欲する。いま、歓喜を静めよって？　そんなことはできない。数十万の貧しい人たちが手を伸ばし、新しい挨拶をする。新しい？　古い？　新しくもあり、古くもある。——永遠に変わらない。燃えさかり、いまもなお燃えさかりつつある興奮は、時間の彼岸にあるのだ。(Müller-Partenkirchen, S. 26-27)

表現はいささか過剰だが、雰囲気は充分に伝わってくるだろう。これは、一九三六年の祝典ののちに記されたゲッベルスの日記からも読みとることができる。「感動の道を通り、丘を登る。農民たちは、ヒトラーを抱きしめかねない勢いだ。彼は、我々みなのアイドル［Abgott］である」（Fröhlich, Teil I, Band 3/II, S. 203）。また、一九三六年の例だが、五〇〇メートルの花道を歩くヒトラーについてもゲッベルスはこうふり返っている。「ビュッケベルク。一二〇万人の人々。筆舌に尽くしがたい光景。明るい太陽が照っている。総統は、『民衆のあいだを貫く総統の道』を進む。ここは、ヒトラーに最も近い場所だ。人々はまるで陶酔状態である。私は深く感動した。総統は感無量の様子だ」（Fröhlich, Teil I, Band 4, S. 341）。

さて、いささか前後したが、ヒトラーの演説に戻ろう。夜霧に包まれ、サーチライトの光と松明の炎、さらに赤く浮かび上がったハーケンクロイツが会場をぼんやりと照らしたなかで、ヒトラーは演説を始める。演説の内容は、さきに引用したのでくり返さないが、一九三五年以降の演説も、昼に移されたとはいえ熱狂を巻き起こした。たとえば、一九三七年の大会で、ヒトラーは最後にこう絶叫している。

今日はすばらしく晴れわたっている。一年前は激しい雨に見舞われた。次の年に何があるか、私にはわからない。けれども、我々が何度もここに立つであろうことは、わかっている。たとえば、天候がどうなろうとも！

しかし、もしも我々が一年後にふたたびここで会えたならば、こう告白できるだろう。年はめぐる、そしてすべてはうまく進んでいる。すべてがもっとすばらしくなる。ドイツに生きることを許された私たちは、なんと幸福なことだろう！

我がドイツ帝国と我がドイツ民族に——ジーク・ハイル！（Domarus, S. 741）

このほとんど中身のない演説について、ゲッベルスはこう述べている。「総統の演説は一時間に迫る勢い。非常に感銘深い。我々の不安に力点を置く。人々は興奮のあまり熱狂する。壮大な幕切れ」（Fröhlich, Teil I, Band 4, S. 341）。この感想もさることながら、もはやヒトラーまでも自ら作り上げた熱狂に巻き込まれていく様子が、この全収穫感謝祭の最後のヒトラーの言葉から読みとれるだろう。ヒトラーの演説を編集したマックス・ドマルスも指摘するように、まさに「幻想に身を捧げている」（Domarus, S. 741）ような印象さえ与える。

計算され尽くした演出のなかにも、あの作家の言葉を借りれば、主催者側さえも「彼岸」へとわたってしまうような境界が現出している。ここではもはや、「収穫を感謝する」という本来の目的は、ほとんど意味をなさない。形式が内実をこえ、ついには一人歩きをはじめた祝典だったのである。

## もうひとつの熱狂の対象

会場、軍隊、総統。この三者の巧みな空間的・時間的配置と、音、光、旗、煙、炎などを人間のもつすべての感覚に直撃させる演出によって、この収穫感謝祭は成功をおさめた。人々は、こうして、ビール以外のアルコールが禁止された祝祭に酔いしれたのであった。

しかしながら、この三点だけでは、のちに農民たちが生命を賭けて戦争を担うにいたるダイナミズムを完全に説明しきれないだろう。すでに述べたとおり、一九三四年の干ばつと農業政策の失敗以来、慢性的な飼料不足、食糧不足に陥り、ドイツ農業はむしろ窮地に陥っていた。さらに、一九三五年以降は、都市への人口流出が急増し、ただでさえ農村は労働力不足に見舞われていた。農民たちも、素直に収穫を喜ぶ状態ではなかったはずだ。政府に対する不満をもった農民たちを、それでもビュッケベルクへ向かわせ、あるいは各地で収穫祭に参加させ、最終的に戦争を担わせるだけの動員力は何だったのだろうか？

私は、これまで述べてきた演出に、自分自身への陶酔が加わったことが、ナチスの動員を成功させた最大の理由だと考える。これについて以下の三点にまとめよう。

第一に、くり返し同じ言葉で自分を讃えてくれるスローガンである。ヒトラーやゲッベルス、ダレーの演説、あるいは駅のホーム、行進する道の途中、会場の門、さらには全国各地の会場に掲げられた「血と土」、「総統に忠誠を、民衆にパンを！」、「都市と農村、手と手をとりあって！」、「ドイツ農民――ドイツの力！」、「農民はドイツ民族の生命の源！」、「たこだらけの農民の手がすべての身分のためにパンを作る！」といったスローガンは、どれほど嘘くさくいと感じていても、飽きるほどくり返し見たり聞いたり読んだりしているうちに、少なくとも、農民であることを誇りに思ってくれる人がどこかにいる、という認識を植えつけるだろう。

第二に、「収穫感謝の日」は、ビュッケベルクがドイツの中心になることだ。この日は、ゲッベルスが述べているように、ベルリンのおもな閣僚がビュッケベルクへ飛び、全国の農民代表もビュッケベルクに集まった。さらに、この模様は、すべてのラジオ局で生中継され、ドイツ全土にタイムリーに伝えられる。そのうえ、村ではラジオで声は聞けても絶対に目でみることができないヒトラーを、ビュッケベルグでは自分の目でみることができる。参加者たちがこうした意識をもつ可能性は少なくない。なお、一九三六年一〇月五日付の『フェルキッシャー・ベオーバハター』は、パリ、ローマ、ブリュッセル、ワルシャワ、ストックホルム、ヘルシンキ、ベオグラード、イスタンブールに住む在外ドイツ人の収穫感謝祭の様子も伝えている（VB, 5 Oktober 1936）。何の変哲もないビュッケベルクという丘が、そしてそこに集う農民たちが、一年に一日だけ、ドイツのみならずヨーロッパの心臓部にあるかのようにみせかける演出が施されていたのである。

そして最後に、農民たち自身が、この祝典のために多大な犠牲を払っていることだ。ある農民は、収穫感謝祭に参加するために、往復六〇時間もかけたという（Gelderblom, S. 34）。あたかも巡礼のようである。そもそも、ヒトラーが登場するまでに、参加者の多くはまだ暗いうちに起き、長い距離を徒歩で行進したうえに、何時間も待たされた。こうしたいわば「我慢の儀式」でくたくたに疲れ切った身体が、クライマックスのヒトラーの登場と演説で一気に爆発することで、ヒトラーに対してだけでなく、ここまでたどり着いた自分に対しても酔いしれることができる。「待つ」という形式が、収穫を感謝するという内実を圧倒し、人々の心をヒトラーに向かわせる。五感に働きかけるゲッベルスたちの演出もさることながら、自分も体力と精神力を使い尽くしたという達成感や、身体に蓄積した疲労が、陶酔をさらに深めたにちがいない。そして、苦痛を陶酔へ転換させるこうした構造が、穀物危機と労働力不足の二重苦に呪縛された農民たちの心性に入り込む余地は、少なくなかったはずである。

ちょうど、第一次世界大戦の死者の追悼の日が、軍隊の再建を記念する日にすり替えられるのと軌を一にして、収穫感謝祭の目的は、軍隊再建の感謝と称揚に変質した。そして、近代化された軍隊の模擬戦が放つ轟音と硝煙に圧倒された農民たちは、最後の収穫感謝祭からわずか二年後に実際の戦場に立ったり、息子を戦場に送ったり、あるいは、男手のない農場で畑を耕したりして、戦争を支えることになる。

内実から形式が離れ、形式が陶酔を深め、陶酔が内実を支配する。このサイクルに呪縛されてから、ヒトラーのために生命をなげうつまで、道のりはさして遠くない。

## 参考文献


古内博行『ナチス期の農業政策研究　一九三四―一九三六　穀物調達措置の導入と食糧危機の発生』東京大学出版会、二〇〇三年

Domarus, Max, *Hitler : Reden und Proklamationen 1932-1945*, Teil I, Band 2, Leonberg, 1937.

Frölich Elke (Hg.), *Die Tagebücher von Goebbels*, München, 1998.

Gelderblom, Bernhard, *Die Reichserntedankfeste auf dem Bückeberg 1933-1937*, Hameln, 1998.

Müller-Partenkirchen, Fritz, *Rund um den Bückeberg : Gelebnisse und Berichte vom Ersten Deutschen Erntedanktag am 1. Oktober 1933*, Möser, 1934.

*Nürnberg und Bückeberg 1933*, Dresden, 1934.

# 中国の祭日と死者を巡る物語り

佐野　誠子（さの・せいこ）

和光大学表現学部専任講師。一九七四年横浜生まれ。東京大学人文社会系研究科博士（文学）。二〇〇二年より京都大学人文科学研究所助手を経て、〇七年より現職。専攻は中国古典文学・文化。志怪と呼ばれる不思議な出来事を記した書物の成立についてを中心に研究。訳書に『中国古典小説選2六朝Ⅰ　捜神記・幽明録・異苑他』（明治書院、二〇〇六年）、論文に「道仏宗教者の出生の不思議――あるいは神話と伝記」（麥谷邦夫編『三教交渉論叢』京都大学人文科学研究所、二〇〇五年）、「民間祠廟記録の形成」（小南一郎編『中国文明の形成』朋友書店、二〇〇五年）など。

## 中国古代の祭日

人々は古来より季節の節目節目に祭りを行った。とりわけ農耕民族にとって、祭りは、季節の変化と強く結びついたものであった。祭りを通じて、人々は収穫を祈り、また感謝した。さらに暦が民衆の生活にまで浸透するようになると、祭りは、暦の日付に従って執り行われた。つまり祭日として固定されたのである。

古代中国における祭日とは、どのようなものだったのだろうか。中国最古の詩集『詩経』には、人々の折々の祭りをうかがわせる表現がみられる。しかし、詩という表現形式であるため、情報が断片的であることをまぬがれない。祭日に関するまとまった記述のうち、最古の資料としては、前漢初期に成立したと考えられる『礼記《らいき》』「月令篇《がつりょう》」が挙げられる。「月令篇」には、月々にどのような行事を行うべきかが示されている。ただ、その行事を執り行う人々は、身分の高い階層に属する統治者や知識人に限られる。そのため、一般の人々が祭日に何を行い、何を祈ったのかは、ベールをとおしてみるような状態で、実体を把握するのが難しい。

後漢時代になると、崔寔《さいしょく》という人物が『四民月令《しみんがつりょう》』という書物を編んだ。この書の内容もまた、支配者階層にある知識人が、農村経営をするにあたり、月ごとの農事や祖先祭祀をどのようにとりあつかうべきか、ということが記述の中心であって、一般の歳時記とはいささか性格が異なる。そして、南北朝時代後半の梁代になり、宗懍《そうりん》が『荊楚歳時記』を著した。この『荊楚歳時記』こそが、中国最古の歳時記と呼ぶべき書物であり、荊楚地方（現在の長江中流域）の祭日ごとの様々な風習や伝承を記録する。

中国の古い歳時資料をひもとくと、中国の祭日は、三月三日、五月五日など、奇数が並んだ日付が選ばれていることが多い。そして、そのような祭日に行われる儀礼の由来として、死者に関する物語りが数多く存在する。年中行事は最初に説明したとおり、そもそも農産や季節の移り変わりと密接に結びついたものであり、特定の個人のために行われたわけではなかっただろう。なぜ、死者を引き合いに出して、由来を説明しなくてはいけなかったのだろうか。この小文では、いくつかの事例を手掛かりに、祭日と死者をめぐる物語りとの結びつきの諸相をみてみたい。

## 端午の節句と屈原

五月五日は中国でも日本でも端午の節句とされる。現在の日本における端午の節句は、男の子の成長を祝い、兜人形や鯉のぼりを飾る。しかし、それは端午の節句が日本に伝わってきたのちに変化して成立したもので、江戸時代以降の風習だという。ただ、端午の節句で行われる風習のうち、菖蒲を用いる行事や、粽を食べる風習は、中国から伝わったまま、現在の日本でも行われている。そして、それらの風習は、中国においては、中国古代の人物、屈原《くつげん》に由来するとされるのが一般的である。

屈原は中国の戦国時代、楚の国の人物である。身分の高い家に生まれ、王の政治を補佐する立場にあった。屈原が生きた時代は、戦国時代末期にあたり、約半世紀後には秦の始皇帝が中国を統一した。楚の国は、当時既に大国となっていた秦と協力関係を結ぶか、それとも秦以外の小国と連携して秦と対抗するかの選択を迫られていた。国の将来を憂えた屈原は、たびたび楚の王に進言を行った。しかし、あまりにも情熱的であった屈原の忠告は、王に受け入れられず、かえって疎まれる存在となり、宮廷から放逐されてしまった。悲嘆にくれた屈原は、洞庭湖の近くにある汨羅《べきら》の淵をさまよった。そして、とうとう、石を抱いて汨羅の淵に身を投げ、自ら命を絶ってしまったのだという。紀元前二七八年のこととされる。

また、屈原は「離騒《りそう》」「天問《てんもん》」などの著名な文学作品を作った。屈原の作品は、屈原を中心とする楚の人々の韻文作品を集めた書『楚辞《そじ》』に収められる。そして、屈原を慕う人々が五月五日に追悼行事を行っていたと梁、呉均《ごきん》の著した怪異の記録『続斉諧記《ぞくせいかいき》』にある。

屈原は五月五日に汨羅の淵に身を投げて命を絶った。楚の地方の人々は屈原を悼み、毎年命日になると、竹筒に米を詰め、汨羅に投げ入れて、屈原の霊を弔っていた。後漢の建武年間〔光武帝、二五―五五年〕のこと。長沙〔湖南省〕の区回《おうかい》という人が、白昼ある身分の高い人物に出会った。その人物は自分から三閭大夫《さんりょ》〔屈原がついていた官職名〕だと名乗り、区回に告げた。

「聞くところによると、あなたはいつも屈原を祭っているそうですね。それはとてもよいことです。ただ、いつも供え物が大蛇や龍に盗られてしまうので、これから供えるときは楝《せんだん》の葉で筒の上を塞ぎ、五色の糸で縛ってください。この二つは大蛇や龍が苦手なものなのです。」

区回はその言葉どおりにした。今、世の人々が五月五日に粽を作り、楝の葉や、五色の糸で包むのは、どちらも汨羅の遺風なのである。

五月五日が屈原の命日であり、屈原のために川に投げ入れる粽が、現在の端午の節句に粽を食べる由来だというのである。

端午の節句が屈原の追悼と結びつけられている例は他にもあり、中国南方各地、また日本の長崎や沖縄などで、端午の節句に行われるボート競争――龍舟賽《りゅうしゅうさい》（ドラゴンボート）もそうだといわれる。龍舟賽が屈原の追悼のためであったらしいことは、隋の人である杜公瞻《とこうせん》が先ほどの『荊楚歳時記』に附した注釈に、すでに記述がみられる。

図1　ドラゴンボート（2005年，台北）

五月五日には船で川渡りを競う。俗に屈原が汨羅の淵に身を投げた日とされる。そこで、屈原が死亡した場所で、その死を悼み、また船を漕がせて屈原を水から助けあげようとするのである。船は大きなものであるが、軽量であるため、空飛ぶ鴨と称される。また水中の車だとたとえられたり、水中の馬だとたとえられたりする。このときには州の将軍から役人まで、誰もが水辺へとやってきて見物する。船を車や馬にたとえるのは、おそらく越の人は船を車とみなし、櫂を馬とみなしているのだろう。

『荊楚歳時記』注の記述で注意したいのは、屈原の命日の伝承を「俗に」としているところである。ここから、杜公瞻は五月五日が屈原の命日だと信じていたわけではないことがうかがえる。実際に、杜光瞻の『荊楚歳時記』注は引きつづき龍舟の競技の由来について次のような異説を載せる。

邯鄲淳《かんたんじゅん》が著わした曹娥《そうが》を祭る碑文には「〔曹娥の父親は〕五月五日、伍子胥《ごししょ》を迎えるために、波を遡り、川を上ろうとして溺れ死んだ」とある。これもまた呉地方東部の習俗である。龍舟賽の起源は、伍子胥にあり、屈原とは関係ない。『越地伝《えっちでん》』という書物には「この習俗は、越王勾践《こうせん》に由来する」と書かれているが、詳細は不明である。この日には、種々の薬草を競い争って採る。『大戴礼《だたいれい》』「夏小正《かしょうせい》」には「この日に薬草を蓄え、毒気を払う」と書いてある。

ここで神迎えの対象となっている伍子胥は、名を伍員《ごいん》という。戦国時代楚の国の人物である。生きた時代は屈原よりも古く、紀元前五〇〇年前後になる。父と兄が楚の平王に殺されたため、呉の国へ行き、呉王を助けて楚を伐ち、仇をとった。しかし、のちに、呉を伐つためには、伍子胥を亡き者にすることが必要だと思った越の国が間諜、太宰嚭《だざいひ》を呉に送り込み、その讒言により、呉王夫差《ふさ》から死を賜った。伍子胥の物語りも、唐末の語りものの資料である敦煌変文に残されるなど、悲劇的人物として人々の記憶に残った。

また碑文で顕彰されている曹娥は、親孝行な娘として有名で、『孝子伝』、『列女伝』といった歴代の孝子・孝女の記録にしばしば登場する。それらの記録のなかでも、最古の部類に属すると思われる『後漢書』「列女伝」の記述によれば、曹娥の父親は巫覡であり、漢安二年〔後漢・順帝、一四三年）の五月五日に、神迎えをしようとして（ただし『後漢書』では伍子胥とは書かれず別の神の名が挙げられる）溺死してしまい、死体が上がってこなかった。それを悲しんだ曹娥は、父親の後を追って、川に身を投げたのだとされる。その曹娥を祭る碑文を著したという邯鄲淳は、三国時代魏の人物である。ここから、少なくとも後漢や魏の頃には五月五日に伍子胥を祭る風習が存在したことがわかる。

『荊楚歳時記』注では、さらに『越地伝』という、後漢末の頃の成立と思われる地理書を引用し、詳細は不明だが、この習俗は越王勾践と関係するのだと述べる。越王勾践は、臥薪嘗胆の故事の由来となっている戦国時代の越の国の王、勾践のことである。

前述したように、龍舟賽の習俗は中国南方のものである。「南船北馬」という言葉があるように、中国南方は川や湖が多く主要な移動手段は船であった。屈原の楚、伍子胥の呉、勾践の越、いずれも南方に位置した国家である（次頁、関連地図参照）。この事実からすると、南方全域に古くから龍舟賽の風習があり、それぞれの地域の代表的な人物が祭られる対象とされたと考えるのが自然だろう。つまり、端午の節句の風習は、決して特定の人物にちなんで行われるようになったわけではなく、もともと存在した祭日の歳時儀礼に、あとから人物にまつわる物語りが付加されたのだ。

河北省
巨馬河
三女亭
山西省
寿陽
何媚（子姑神）
巨鹿郡
三女神
平原
徐肇の三人の娘
平昌 紫姑
山東省
淇水
三女台
黄河
永楽 李商隠詩
洛陽 東晋の首都
長安
唐代の首都
河南省
安徽省
江蘇省
汭水
湖北省
建康
南朝の首都
呉郡
女墳湖
長江
左桑 周昭王
黄州
蘇軾「子姑神記」
浙江省
洞庭湖
汨羅
屈原
湖南省
江西省
東甌
延娟，延娛

図２　関連地図（筆者作成）

## 屈原伝説と中国南方文化

屈原の伝説が今に生き続け、日本ではともかく、中国では人口に膾炙したものとなっているのに比べ、伍子胥や越王勾践の伝承はほとんど忘れられてしまっているといってよい。各種の伝承が存在したなかで、なぜ屈原の伝承だけが、現在まで生き残ったのだろうか。

屈原の伝説は、『楚辞』に収められている屈原の作品とともに、南北朝時代にすでに多くの人に受け入れられていた。そのため、屈原は早くから、人々に慕われ、また慰霊のための廟が建てられた。司馬遷の『史記』「屈原伝」でも、司馬遷は自ら屈原の霊を偲ぶため、汨羅の淵を訪れたと記している。また劉宋、劉敬叔《りゅうけいしゅく》の『異苑《いえん》』や、梁、酈道元《れきどうげん》の地理書『水経注《すいけいちゅう》』にも、汨羅に屈原を祭る廟があったとの記録がある。後世の人々の同情を多く集めた屈原が、五月五日の伝承として定着したのだろう。

また、屈原は汨羅に身を投じて命を絶ったとされている。そのため、ドラゴンボートのような、水と関係する祭りに結びつけられやすいと考えられる。ただ、水死というだけなら、伍子胥にも、最期は呉王夫差に自殺を命じられ、その死体は革袋に詰められ長江に沈められたという伝承がある。その死が水とかかわっている点では、伍子胥は屈原と同じである。ただ、伍子胥の死亡した季節は不明である。さらに、越王勾践は冬に病死したとされるだけであり、季節も死因も五月五日や水と関係がない。いっぽう、『続斉諧記』では屈原の命日を五月五日と明記していた。

この五月五日が屈原の命日である、という伝承はどこから生まれたのだろうか。屈原の伝記として最古のものである司馬遷『史記』の「屈原伝」では、屈原の最期は次のように描写される。

屈原は水辺までやってきて、ざんばら髪のまま川の畔で詩を口ずさんでいた。憔悴しきった顔色で、身体もやせこけていた。漁師が屈原の姿を認めてたずねた。

「あなたさまは三閭大夫さまではありませんか。どうしてこんなところにやっていらっしゃったのです。」

屈原は答えた。

「世の中は濁りきっていて、私だけが清らかだ。世の人々は皆酩酊していて、私だけが醒めている。そのために追放されたのです。」

「聖人というものは、一つのことにこだわりすぎず、世の動きに合わせるものです。世の中が濁っているのなら、どうしてその流れにしたがい波に乗らないのですか。皆が酩酊しているなら、どうしてその酒粕を一緒に啜らないのですか。どうして美しい玉を抱いたまま、みすみす放逐されたのですか。」

「私が聞くところによれば、はじめて沐浴する者は、冠や衣をはたいて埃を払い、世の汚れを避けるものです。いったい身を清らかに保ちながら、汚れたものを受け取れる人などいましょうか。それならば、川の流れに赴いて、川の魚の腹の中に葬られるほうがましです。どうして皎々と白く輝く状態でありながら、世俗の汚辱を受けられましょう。」

屈原はそれから「懐沙賦《かいさのふ》」を作った。その内容は「ギラギラと暑い夏四月、草木はボウボウに生い茂る。傷ついた心を抱えて、南方へと赴く……」というものである。そうして、石を抱いて汨羅の淵に自ら身を投げ死んでしまったのだった。

図3　香草を身につけた屈原（「離騒図」より）

このように、『史記』には命日が五月五日だとは書かれていない。ただ、ここで引用される、屈原の辞世の作とされる「懐沙賦」は、「ギラギラと暑い夏四月（陶陶兮孟夏）」という句ではじまる。そこから、屈原が汨羅に赴いたのは夏、旧暦の四月だったと推測できる。そのため、屈原の命日が四月からそれほど日数のはなれていない五月五日であるという話が、まことしやかに語られたのである。

また、屈原は、漁師とのやりとりにみられるように、自らを清らかで正しい存在であるとしていた。実際『楚辞』にみられる屈原の作品では、香草の比喩が多く用いられており、それは、自らの身が清らかであることの象徴としてであった。そして、先ほど紹介した、『続斉諧記』には、水中に投げ入れる屈原への供物には、大蛇や龍を避けるために五色の糸や香りの強い葉を用いるとあった。

楚の地域は中国の南方に位置し、夏の暑さは厳しいものがある。そのために、香草はしばしば暑気よけ、病気よけとして用いられた。『荊楚歳時記』注に引用されていた『大戴礼』（漢代に編まれた儀礼に関する解説書）でも、五月五日に薬草を摘む習慣があるとしていた。また後漢、応劭《おうしょう》の『風俗通義《ふうぞくつうぎ》』や『荊楚歳時記』本文でも、五月五日に腕に五色の糸を巻きつけたり、香草を身につける風習があると紹介されている。これらは、屈原と関係するとは書かれていない。すなわち、もともと屈原とは関係なく五月五日には魔よけ、祓禊として香草や五色の糸を用いていたと考えられる。

香草を用いた魔よけというものが、本来南方に伝わるものであり、屈原もその伝統に則った表現を行っていた。そのために、五月五日の儀礼と屈原が強力に結びつけられ、それは後代まで受け入れられたのである。

## 曲水の宴と三人の娘

中国において古代から三月の上巳《じょうし》の日、すなわちはじめの巳《み》の日に身を清める行事——祓禊が行われた。後にこの祓禊の行事は三月三日に日付が固定されるようになった。

この日の祓禊の特徴は、水辺で行われることであり、『後漢書』「礼儀志」には役人も民衆も揃って水辺で祓禊をしたと記述される。また文学作品でも、後漢の杜篤《ととく》「祓禊賦《みそぎのふ》」や張衡《ちょうこう》「南都賦《なんとのふ》」などにも、祓禊に来た人々でにぎわう川辺の様子が活写されている。

三月三日に行われた諸々の行事のなかで、とりわけ有名なのが曲水の宴（また曲水の飲ともいう）である。これは、杯を人工的に作った流れに浮べ、杯が流れる間に詩歌を作るという行事である。かの書聖王羲之《おうぎし》の「蘭亭序《らんていのじょ》」も、曲水の宴を行うに際して書かれたものであるし、日本においても、平安時代に貴族の遊びとして定着していた。この曲水の宴は、晋代以降、宮中で、あるいは文人のあいだで、非常に盛んに行われ、春の行楽行事として定着していた。しかし、その一方で、祭りの由来や意味については早くから忘れられてしまった。『続斉諧記』には晋の武帝が臣下に曲水の宴の意味を尋ねる話がある。

晋の武帝が尚書郎の摯仲洽《しちゅうこう》（摯虞《しぐ》、仲洽は字）に尋ねた。

「三月三日に行う曲水とは、もともとどのような意義があるのか。」

摯虞は答えてこう述べた。

「後漢の章帝の時代、平原〔山東省〕に徐肇《じょちょう》という者がおりました。三月のはじめに、三人の娘が生まれましたが、三日には全員死んでしまいました。村の人たちは、これを不吉なことだとして、みなでそろって川辺に行き、手足や器物を洗う儀式を行いました。そして、流れに杯を浮かべて流しました。曲水の行事の意味は、ここに由来しているのでございます。」

武帝は、

「そのとおりだとすると、めでたいことではないな。」

図４　平安時代の曲水の宴の再現（2004年，京都城南宮）

と言った。そこで、尚書郎の束皙《そくせき》が進み出た。
「仲洽なんて奴に、こんなことはわかりません。私めが、そのはじまりをお教えいたしましょう。昔周公《しゅうこう》が洛邑《らくゆう》〔後の洛陽〕を都としたとき、流れに酒杯を浮べたのです。そのため、失われてしまった古い詩の一節に『雀が翼を広げた形をした杯は、波にのって流れる』とあるのです。また、秦の昭王が、三月の上巳の日に川の流れが曲がるところで、宴を催したところ、金色の人が川より現われ、水心剣を王に奉り『中原地域の支配を任せる』と言ったのです。その後、秦が諸侯を制覇したので、この土地にちなんで、曲水の祠が建てられました。前漢、後漢とその習慣を踏襲し、みなが盛んに集うようになったのでございます。」

武帝は、

「それはよろしい。」

と言い、金五〇斤を与え、仲洽は陽城〔安徽省〕の長官に左遷された。

この話は、晋王朝の正式な歴史書である『晋書』の「束皙伝」にも採られている。正史に収録されているというと、信憑性の高い話のように思えるかもしれないが、『晋書』が成立したのは唐代に入ってからであり、梁代の『続斉諧記』よりも、のちに書かれた書物である。そして、『晋書』は編纂当時から『続斉諧記』などの怪異の記録——志怪書にみえる真実かどうか定かでない記事——を無批判に取り入れたという理由で、歴史書としての評価が低い。それゆえ、武帝が実際にこのような質問を発したかどうかは、今となっては確かめることができない。

この摯虞と束皙の二人の説を検討してみよう。先に注目したいのは、摯虞の話である。武帝は曲水の宴の由来が、死の穢れを払うためのものだっただと聞いて「縁起でもない話だ」と言った。この話には類話が存在し、『宋書』「礼儀志」などにみられる。

旧説にこんな話がある。後漢に郭虞《かくぐ》という人物がおり、三人の娘がいた。三月の上辰の日に二人の娘が生まれ、上巳の日に一人の娘が生まれたが、二日のあいだに三人の娘とも亡くなってしまった。世の人々はこれを大いに忌み嫌った。この月日になると、家にとどまらず、みな東に向かって流れる川のほとりまで赴き、娘のために祈禱し、自らの身を清めた。これを禊祠《けいし》といい、川の支流に杯を浮べることが、曲水の宴となったという。史臣（この礼儀志の筆者）の考察によると、『周礼《しゅらい》』「春官宗伯・女巫」では「巫女が歳時の祭りを掌り、祓禊を行い、釁浴《きんよく》をする」とある。これは、現在三月上巳の日に行う水辺での行事に似ている。釁浴とは、薫り高い草を用いて沐浴することである。『韓詩章句』に「鄭の国の俗では、三月の上巳の日に、溱水《しんすい》と、洧水《いすい》の二つの川のほとりに赴き、魂を呼びよせ、蘭の草を摘み、不祥を取り除く」とある。つまり、祓禊の由来は非常に古いもので、後漢の郭虞の遺風や、現在世で行われている川渡りからきたものではない。

『宋書』のほか、『後漢書』「礼儀志」につけられた劉昭による注でも、郭虞説が提示され、否定されている。この郭虞は、「虞」の文字が重複してみえることから推測すると、摯虞の名前と混同された可能性もあり、より根拠の乏しい話と考えられる。曲水の宴、ひいては三月初めに行われる祓禊の行事は、もちろん『宋書』「礼儀志」の考察にあるように、漢代初期の成立である『周礼』や『詩経』の注釈である漢代薛《せつ》氏の『韓詩章句』にすでに記述がみえる。行事の起源は、漢代ではなく、より古い時代からの祓禊にあったというのが真相だろう。それでは、徐肇あるいは郭虞の娘の話は、まったくの作り話だったのだろうか。行事の本当の起源ではないとしても、これらの話が生まれてきた背景を考える必要があるだろう。

郭虞の話はどこの地域の話か不明だが、徐肇に関しては平原地方、すなわち、山東省のあたりであったことがわかる。

当時の地理記録をみると、華北地域（黄河以北の地域）に「三女」の文字を冠した地名がいくつかある。それは、『魏書』「地理志」殷州巨鹿《きょろく》郡にある「三女神」であったり、『水経注』巻九淇《きすい》水の「三女台」、「三女城」や同巻一二巨馬《きょばが》河の「三女亭」であったりする。残念なことに、これらの書籍の記述では地名に関わるエピソードは載せられていないし、もちろん徐肇の三人の娘との関連を説いた部分もない。しかし、関連地図（九六頁）に示すように、三女にかかわる祠廟や亭がある場所と平原は地理的に比較的近い。そこから想像をたくましくすれば、華北では漢代に三月上巳の日の祓禊の風習と三女の信仰と結びついた伝承が、広く存在していたと考えられないだろうか。

『荊楚歳時記』に訳注を施した守屋美都雄《もりやみつお》氏は、この徐肇の話を用いて曲水の宴の起源が解説されたことについて、曲水の宴が本来華北の習俗であり、漢代頃に華北から呉地方へ伝わったものではないかと指摘している。

すなわち、北方から南方に伝わるさい、曲水の宴の風習だけが受け入れられ、由来として付加されていた三女信仰については、南方では根づかなかったのだと解釈できるのである。

## 周の昭王――南方での再付加その一

中国南方において、曲水の宴は純粋な文人の行楽となった。しかし、その後、南方では三月上巳あるいは三月三日に関し、北方の三人の娘の死の話に代わって、新たな死者にまつわる物語りが付加された形跡がある。次の話は、前秦の王嘉《おうか》が編んだ『拾遺記《しゅういき》』にみられる。

周の昭王二十四年のこと。〔……〕東甌《とうおう》地区〔今の浙江省〕から二人の女性の献上があった。一人は延娟《えんけん》といい、一人は延娛《えんご》といった。〔……〕二人とも弁舌巧みで歌も上手かった。塵の上を歩いても足跡が残らず、昼間外出しても影ができなかった。昭王が漢水で溺れたとき、二人の女性も王と一緒に船に乗っており、王の身を二人で挟むように抱きかかえたが、一緒に溺れてしまった。現在にいたるまで江漢地方の人たちは彼らを偲び、川岸に祠を建てた。その後数十年にわたり、人々は江漢〔沔水《べんすい》〕の川の流れに王と二人の女性が船に乗り遊んでいる姿を見かけた。そこで、暮春の上巳の日に、祠で祓禊を行い、季節の甘い果物を蘭や杜若の花でくるんで水に沈めた。あるいは、五色の薄絹に食べ物を盛ったり、また金の器に盛ったりして、これらも水に沈めた。そうすることで、大蛇や龍などの水中の怪物を驚かせ、供え物を食べられないようにしたのである。その水辺は「招祇の祠《しょうぎ》」と呼ばれた。

『拾遺記』は古今の帝王に関する事績を中心に様々な話を集めた書物である。そのなかには、古い時代の事柄でありながら、文献的に『拾遺記』以前の書物に記録をみいだせない素性のあやしい話が多数含まれる。そして、この周昭王の話もそのうちの一つである。

そもそも昭王については、『春秋左氏伝』や『史記』といった古い歴史書では、周の国の徳が衰えたため、南方に征伐に出かけたが、そのまま亡くなった、と書いてあるだけである。そして、昭王が水死したと記述する最古の資料は、西晋の杜預《どよ》による『春秋左氏伝』の注釈および、同時代の皇甫謐《こうほひつ》が編んだ歴代帝王の伝承を中心に集めた書『帝王世紀《ていおうせいき》』の二つである。両者のうち、よりくわしい『帝王世紀』の記述によれば、昭王が南方へ討伐に向かう途中、長江を渡ろうとしたとき、漁民に嫌われ膠で木材を貼り合わせただけの船をあてがわれたため、川を渡る途中で船がバラバラにこわれ溺れ死んでしまったという。そして、『春秋左氏伝』注にも『帝王世紀』にも女性の話は出てこない。女性の話はもちろん、周の昭王の死亡でさえ、文献上の最古の資料は昭王の生きた時代より千年もたってからのものなのである。

ただ、『水経注』巻二八「沔水中」にある記述をみると、「左桑」という地域があり、この地名は本来同音の「佐喪」というのが正しい文字なのだという。そして、村の古老の話によれば、昔、溺れ死んだ昭王をこの地に葬ったため、このような地名になったのだとある。後代の地理書でも、この地域は、昭王が没し葬られた場所だという記述がいくつかみられる。しかし、『拾遺記』にあった三月三日や二人の女性の伝承はまったく記されない。

昭王の水死伝説自体は、もしかしたら文字化されなかっただけで、古くから存在し、口頭で伝えられ続けたものかもしれない。ただ延娟、延娯の二人の女性や三月上巳との結びつきは比較的新しく、現在残っている文献で判断するかぎり、ちょうど曲水の宴の風習が南方に伝わった後の変化なのである。

また、晋武帝の問いに関するもう一つの解答であった束晳の話では、曲水の宴は秦の昭王と関連していた。束晳の話は、曲水の宴の由来が凶事であることを気に入らなかった武帝におもねった感があるし、他に類似した記述をみいだせない。こちらの昭王は、秦の昭王であり、『水経注』等の昭王は周の昭王であって、別人とはいえ、同じ昭王として、どこかで混乱が生じて新しい話ができたのかもしれない。

## 呉の王女――南方での再付加その二

さらにもう一つ、三月三日にまつわる後世の付加と思われる例が存在する。

その行事は曲水の宴ではなく、南方で三月三日に船を浮べ水遊びをしたことについてである。唐の陸広微《りくこうび》が著した呉地方の地理書『呉地記』(先ほどの『呉地記』とは別の書籍で、今に残る)

に次のような記述がみられる。

趙曄《ちょうよう》の『呉越春秋』に「呉王闔閭《こうりょ》の愛娘が、王が蒸し魚を先に食べてしまったことを恨んで自殺してしまった。王はこれを悲しみ、閶門《しょうもん》の外に手厚く葬った。するど、娘は白い鶴と化し、呉の街に舞った。沢山の人が鶴の後を追って見物した。後に墓は湖となり、現在では女墳湖と呼ばれている」とある。流杯亭は女墳湖の西二百歩のところにある。闔閭が三月三日に船を出して見物をした場所である。

この女墳湖のほかにも、呉の王女にまつわる地名は幾種類かあり、宋代の地理書『太平寰宇記《たいへいかんうき》』では同じ闔閭の娘の墓のことを記録して「三女墳」と記す。また、宋代の百科事典ともいうべき書物『太平御覧《たいへいぎょらん》』に引用される地理書『郡国志』では闔閭の蒸し魚を与えなかった対象が「三女（三人の娘）」とされ、地名を「三女墳」とする。

呉の王女にまつわる伝承は、晋の干宝《かんぽう》『捜神記《そうじんき》』に収められる、闔閭の息子である夫差王の娘、紫玉の話などがあり、文献的にかなり混乱を来している。ただ、いずれの話でも共通するのは娘が自殺をしたという部分である。

『呉地記』でも流杯亭は特に闔閭の娘と結びつけた説明はされていない。ただ、娘の墓が変化してできた湖があり、その近くには、曲水の宴を連想させる「流杯亭」という名称をもつ亭《あずまや》があり、さらには闔閭が「三月三日」に船遊びをしたとある。女墳湖が別の書物によっては「三女墳」と記されることから推測すると、三と娘の死という連想が、曲水の宴との結びつきをうながしたのではないだろうか。『呉地記』が引用する『呉越春秋』は、後漢の末頃の成立とされている。そのころ、すでに呉王の娘の悲劇的な死の話や、女墳湖の伝承があった。そして、流杯亭及び、三月三日の闔閭の船遊びは、のちに伝わってきた曲水の宴の風習の由来の話と呉王の娘の死の話が混同され、記されたものと考えられないだろうか。

周の昭王及び呉の王女の物語りは、南方に曲水の宴の行事が伝来した後に、新たに創出されたと考えられる。しかし、いずれの話も三月三日でなくてはならない必然性が弱い。これらは南方で三月三日の行楽が定着し、その由来を探ろうとしたときに、死の臭いがする話が求められ、結合されたと考えるべきだろう。しかし、このような無理な結合は物語りとしての力をもたず、生きた伝承とはならない。そこが屈原との違いである。そのため、どちらの物語りも後世において定着したものとはならなかった。

また、華北地域の三女の伝承も、後漢時代には当地で力を持っていたのかもしれないが、唐代以降の文献では過去の書籍からの引用のみで、物語りとしての新たな展開はまったくない。また、三女亭や三女台といった地名も後の地理書では取りあげられない。

そもそも、三月三日に水辺で祓禊をする風習自体が、唐代までは盛んに行われたものの、北宋以降は廃れてしまう。風習がなければ、由来を語る必要もなくなる。そうして、古くから存在した三女信仰も、また南方で付加された二つの話も、一部の文字資料だけが残り、人々から忘れられてしまった。

## 一月一五日の紫姑

屈原はそもそも地位が高く、文学作品も残した著名な人物であった。伝説化された人物だからこそ、祭日の行事と屈原が結びつけられたのであり、かりに祭日にかかわる物語りがなくても、屈原の存在を人々が忘れることはなかっただろう。また、三女や周の昭王、呉の王女の物語りは、三月三日と結びつけられたが、結局忘れられてしまった。これは、端午の節句に対し、三月三日の祓禊の風習自体が、早くに廃れたことも関係しているだろうし、結びつけられた人物の知名度も、関係しているものと思われる。特に徐肇の娘などは、父親である徐肇自身も、他にまったく記録の残らない無名の人物である。郭虞についても同様である。行事と結びついただけで、人物の名前が記憶されるとは限らない。

しかし、元来が無名の人物だからといって、全員が忘れ去られてしまうわけではない。その名前が祭日と結びつくことで、後々まで、人々に神として認識され、伝承が残った例がある。それは、一月一五日を祭日とする紫姑神《しこしん》である。

紫姑神の紫姑とは、もともと女性の名前で、正妻にいじめられた末に死亡した。最も古い記録は南北朝時代宋の劉敬叔《りゅうけいしゅく》による志怪書『異苑《いえん》』にみられる。

世間では紫姑神というものが信仰されている。古くからの言い伝えによれば、紫姑はある家の妾で、正妻に嫉妬され、いつも汚い仕事ばかりやらされていたため、正月一五日に憤りが昂じて死んでしまったという。

そのため、世の人々は命日に紫姑の人型《ひとがた》を作り、夜に、厠や豚小屋で紫姑神をお迎えするのだ。

「子胥《ししょ》はいないよ。」

と祈りの言葉を発するのは、婿の名前だからである。

「曹姑《そうこ》も帰ったぞ。」

と言うのは、曹氏がその正妻の名前だからである。

「お妾さん出てらっしゃい。」

と言い、手に持った人型の重さを感じるようになると、紫姑神のおでましである。酒や果物をお供えすると、顔色がつややかになったように感じられ、小さく飛び跳ねまわって止まらない。紫姑はいろいろなことを占ってくれ、一年の蚕の出来を占ってくれる。また射鈎の遊びが上手く、上手くいけば踊り、上手くいかないとひっくり返って寝てしまう。

平昌〔山東省〕の孟氏は、ずっと紫姑の存在を信じていなかった。自ら試しに豚小屋に行って紫姑の人型を投げてみると、人型が手から離れ、人型みずから茅の屋根を突き破って飛んでいってしまい、その後の行方はわからずじまいだった。

一月一五日は紫姑という不幸な死に方をした女性の命日であったために、祭りをしたというのである。

中国では、非業の死、不慮の死を遂げた人物の霊魂をおそれる。とりわけ、女性の場合は、このような死に方をした場合、先祖の墓に入れられないため、その魂が安らかに眠ることができず、人々にわざわいをもたらす幽霊となって現われると信じられていた。そのために、さまよえる魂を鎮めるための祭や芝居が行われた。しかし、紫姑の場合、『異苑』の記述をみると、ただの鎮魂のための儀礼ではなく、紫姑が、神とよばれているように、予言を与える役割を務めている。紫姑はなぜ神となり、一月一五日に祭りが行われたのだろうか。

## 一月一五日の意味

『異苑』よりも少し成立の古い書である晋、干宝《かんぽう》の志怪書『捜神記《そうじんき》』には、丁姑《ていこ》という女性が姑にいびり殺されたたという話がある。丁姑の命日は九月九日（また一説では九月七日）とされ、『捜神記』では丁姑を偲んで、この日は嫁に家事をさせない日になったと説明する。紫姑も丁姑も同じような経緯で死に至っている。

屈原のように、本来、死期があるていど限定されるのでもなく、また三女のように三という数字と結びつかなければ意味がないというのでもないため、不幸な女性の命日は一月一五日である必然性はなかった。丁姑の九月九日が後世に伝えられてもよかったはずである。ところが、一月一五日は女性と深い関わりがある日だったため、一月一五日の伝承が生き残った。

旧暦において正月は春であり、ちょうど蚕を飼いはじめる時期にあたる。そのため、正月一五日に養蚕に関する祈禱が行われた。『続斉諧記』には次のような話がある。


呉県に住む張成が夜起きると、一人の女性が家の東南の隅に立ち、成を招いているの出会った。張成が女性のいるところへ行ってみると、女性はこんな話をした。

「ここはあなたの家の蚕を飼う部屋です、私はここの神なのです。明日の正月一五日には白い粥を炊いて、その上に膏《あぶら》を浮べて私を祀りなさい。そうすれば、あなたの蚕の収穫量は百倍になるでしょう。」

言い終わると姿が見えなくなった。

張成は言われたとおりに膏の入った粥を作った。その後、毎年蚕の収量が増えた。今、世の人々が正月一五日に膏の浮かんだ白粥を炊くのはここに由来するのである。

養蚕は女性の仕事であった。そして、一五日は旧暦では満月にあたり、月の力が最も強いとされた。また月は陰陽の配当では陰であり、女性と結びつく。そのため、養蚕の神も、『続斉諧記』にあるように女神であった。紫姑も同じ女性であったために、養蚕の女神が紫姑とされたのではないだろうか。実際に『異苑』に描写される紫姑の祭りのなかにも、養蚕の出来を占うくだりが存在していた。また紫姑は厠で祭られているが、当時は排泄物を肥料としていたため、厠は農業と密接な関係があった。そうして、不幸な女性の名前は丁姑ではなく紫姑となり、一月一五日に祭られるようになったのだろう。

## 後世の紫姑伝承

一月一五日の紫姑神降ろしは、後世においても、広く行われた。晩唐の詩人李商隠《りしょういん》の「正月十五日夜聞京有燈恨不得観（正月一五日の夜、都では燈籠の祭りがあると聞くが、観られないことを恨む）」詩は次のようなものである。

月色灯光満京都／香車宝輦隘通衢
身閑不覩中興盛／羞逐郷人賽紫姑

月色灯光　京都《けいと》に満つ／香車宝輦《ほうれん》　通衢に隘《せま》し
身は閑にして　中興の盛を睹《み》ず／羞じて逐《お》う　郷人の紫姑を賽するを

都は月明かりと燈籠の光で満ちている／立派な車や豪華な手車が道を狭しと混みあっている
暇な身ではあるが中興の盛んなさまを見ることができず／土地の人が紫姑神を迎える儀式をするのをまねしてみるばかりだ

唐代になると、正月一五日に提灯を飾り明りを灯したものを見物することが流行する。これが中国で今日まで続く元宵節である。

この李商隠の詩の制作時期には諸説あるが、会昌五年（武宗、八四五年）とする説が最も有力であり、その頃李商隠は永楽（河南省）に蟄居していた。詩には戦乱が収まり、都に再び活気が訪れたなか、元宵の提灯も見物できず、ひとり田舎で紫姑神の祭りのまねごとをするさまが詠まれている。ここから、紫姑神の神降ろしは、地方で根強く風習として残っていたことがわかる。

また、宋代の政治家であり文人である蘇軾《そしょく》の「子姑神記」には蘇軾が左遷先で目撃した紫姑の神降ろしの様子が記されている。

元豊三年〔神宗、一〇八〇年〕正月の末日、私は都を去って黄州〔湖北省〕に行った。〔……〕任地に到着した蘇軾に、潘丙《はんへい》という人物が、紫姑の神降ろしがあったさい、そのときはまだ誰も知らなかった蘇軾の黄州到着の予言があったことを伝える。〔……〕

　翌年の正月になると、潘丙がまた、

「神が郭氏の家に降りてきますよ。」

と言ってきたので、私は出向いて見物してみた。それは、草木をまとった女性の人形で、その手には箸が置かれ、二人の子供が人形を支えている。人形は箸で字を書いた。

「私は寿陽〔山西省〕の出身です。姓は何氏、名前は媚、字は麗卿《れいけい》といいます。幼いころから書物を読み、文章を書くことを学び、とある楽器演奏者の妻となりました。唐の垂拱年間〔武則天、六八五―六八八年〕に、寿陽の刺史は私の夫を殺害し、私を妾として家に入れました。しかし、その妻が非常に嫉妬深く、私は厠で殺されてしまいました。私は死んでしまいましたが、訴えることもしなかったところ、天界の使者が私のことを目にとめ、冤罪を晴らしてくれ、人間世界でのお仕事を持たせてくださったのです。世の中に子姑神の類は多く存在しますが、私のように卓越した存在のものはいません。あなたさまがそこにとどまってくださるのなら、詩や賦を作り、舞を舞って楽しませたく存じます。」

　そして、人形は詩数十篇を、たちまちのうちに作りあげた。どれも巧みな表現が盛り込んであり、ユーモアもまじっていた。子姑神に神仙鬼仏の変化のことわりを尋ねたが、答えは非常に意表をついたものであった。

　ここでは「紫姑」が「子姑」と記されているが、それは「紫」と「子」が中国語で同音であることからつながる。

　また、紫姑神降ろしでは、箸で文字を書かせることで紫姑神の言葉を聞いている。これは『異苑』にあった、ただ人型をつくるところから一歩進んでおり、よりくわしく神からのメッセージが聞けるようになっている。このように神を人型に降ろして、文字を書かせる行為は、中国で後世に行われるようになる、日本でいうところのこっくりさん「扶鸞《ふらん》」につながる儀式でもある。紫姑神の祭りを養蚕と結びつけることは、後世廃れてしまった。しかし、このような神降ろしの儀式と結びついたため、紫姑の名前のみは後々まで残され、文人のあいだでも知られていた。

　紫姑の例は、先に儀式があり、その儀式が神、しかも女神を求めているなか、不幸な死を遂げた女性と強力に結びついて、文化の中に深く根を下ろしたものだと解釈できよう。また、その女性はある特定の人物である必要はなかった。そのため、「子姑神記」では神が紫姑という女性から唐代の女性何媚に代わってしまっている。この何媚は後の明代の『絵図三教源流捜神《えずさんきょうげんりゅうそうじん》大全《たいぜん》』などの書籍でも、紫姑神として紹介されている。

　ただ「子姑神記」の何媚の独白では「子姑神の類が多く存在する」と言っている。これが、一月一五日にかかわらず、文字を書いてメッセージを伝える神のことを指すのか、それとも、何媚のような不幸な死を遂げた女性の神が「子（紫）姑神」として、各地に配属されており、一月一五日に各地各地で降りてくるのか、どちらでも解釈可能である。

中国の土地神は、役人のように各地域に配属される。何媚も出身が山西省の寿陽でありながら、はるか離れた湖北省の黄州（九六頁、関連地図参照）で神として降りてきたのは、天の神の人事による。当時、不幸な死を遂げる女性は無数に存在した。彼女たち一人ひとりの名前が神として祭られてもおかしくないはずである。しかし、紫姑の名前があまりに有名になってしまったために、紫姑以降の女性は固有名詞としての「紫姑神」ではなく、普通名詞としての「紫姑神」と総称されたのではないだろうか。実際に北宋の洪《こう》邁《まい》による志怪書『夷堅志《いけんし》』には、紫姑神に関する話が六話収められるが、そのなかには、愛人に突き落とされて死んだ娼妓や継母にいじめられた挙げ句自殺した娘など、紫姑とは違う女性の身の上話を語っているものがある。

このようにして、紫姑の名前は不幸な死に方をした女性の総称となり、人々の

図5　紫姑神（『絵図三教源流捜神大全』より）

年中行事のなかで生きつづけたのだ。

## 奇数の両面性

今日《こんにち》の記念日は事件が起こった暦の上の日がそのまま記念日となる。それゆえ、記念日は一年三六五日、どの日付であって何ら不思議ではない。しかし、古代中国においてはそうではなかった。ここでとりあげた屈原、三人の娘、紫姑、みなそれぞれの祭りの日に命を落としたわけではないだろう。

そもそも、中国古代の陰陽思想において奇数は陽数とされ、陽数の並んだ日を特別なめでたい日とみなした。そのために、今回取りあげた、三月三日、五月五日のみならず、七月七日の七夕、九月九日の重陽節《ちょうようせつ》と、奇数の並んだ日が祭日となった。逆に二月二日、四月四日、六月六日といった偶数が並んだ日には、めだった祭日は存在しない。

しかし、また奇数は割り切れない数であり、陽のエネルギーをもつことから、不安定な日ともされた。不安定なゆえに、この世とあの世との境界が曖昧になると考えられていたのである。そして、あの世に行ってしまうのではないかという不安を払拭するため、また、あの世からくる死臭を落とすために、祓禊の行事が行われた。

**関連年表**（西暦は王朝成立年を示す）

| 西暦 | 時　代 | 事　　件 |
|---|---|---|
| | 周 | 周昭王，南征したまま帰らず（漢・司馬遷『史記』，西晋・皇甫謐『帝王世紀』，前秦・王嘉『拾遺記』） |
| B. C. 770 | 春秋・戦国 | 呉越の攻防<br>呉闔閭の娘が死亡，女墳湖（後漢・趙曄『呉越春秋』）<br>越王勾践（後漢『越地伝』）<br>伍子胥，呉王夫差によって遺体を川に沈められる（漢・司馬遷『史記』，敦煌変文他）<br>屈原，汨羅の淵に身を投げる（漢・司馬遷『史記』） |
| B. C. 221 | 秦 | |
| B. C. 206 | 前漢 | 『礼記』『周礼』 |
| 25 | 後漢 | 徐肇の三人の娘が三月に死亡（梁・呉均『続斉諧記』）<br>郭虞の三人の娘が三月に死亡（梁・沈約『宋書』「礼儀志」他）<br>区回が屈原の幽霊に出会う（梁・呉均『続斉諧記』）<br>曹娥の父親が伍子胥を祭ろうとして水死（三国・魏・邯鄲淳「曹娥碑」）<br>崔寔『四民月令』 |
| 220 | 三国 | |
| 265<br><br>317 | 西晋 | 晋の武帝が曲水の宴の意味を問う（梁・呉均『続斉諧記』，唐・房玄齢等『晋書』「束晳伝」）<br>丁姑の話（東晋・干宝『捜神記』） |
| | 東晋 / 前秦<br>北魏 | 王羲之「蘭亭序」<br>三女神（北斉・魏収『魏書』「地理志」） |
| 南北朝時代<br>420（劉宗）<br>502（梁） | 劉宗<br>斉<br>梁<br><br>陳 / 東魏<br>西魏<br>北斉<br>北周 | 屈原廟（劉宋・劉敬叔『異苑』，梁・酈道元『水経注』）<br>紫姑神（劉宋・劉敬叔『異苑』）<br>宗懍『荆楚歳時記』 |
| 581 | 随 | 杜公瞻（『荆楚歳時記』注） |
| 618 | 唐 | 呉の王女にまつわる流杯亭の記述の出現（唐・陸広微『呉地記』）<br>何媚，死後子姑神になる（北宋・蘇軾「子姑神記」）<br>李商隠「正月十五日夜聞京有燈恨不得観」詩 |
| 960 | 北宋 | 呉王の王女の名前が三女と記される（北宋・楽史『太平寰宇記』，北宋・李昉等『太平御覧』所引『郡国志』） |

この奇数の両面性は雅と俗、文字の読み書きができる支配者層とそうではない庶民の対立として捉えることも可能である。陰数、陽数といった概念は、知識人の思索によって編みだされた。しかし、庶民のレベルでは、そのような、陽数がめでたいといった形而上の概念は受け入れられず、むしろ奇数がもつ不安定さからくる不安を、抱きつづけていたのではないだろうか。だからこそ、曲水の宴の例でみたように、庶民のあいだにあった時点では、祭日に行われる儀礼は祓禊の性質が強かったにもかかわらず、その儀礼が知識人のあいだに広まっていくと、行楽化し、もともとあった儀礼の由来に関する話も忘れられてしまうのである。

## 由来の創造

歳時儀礼と物語りの関係は、密接なようで実は希薄である。小南一郎氏は中国古代の女神と七夕の習俗の関係を説いた『西王母と七夕伝承』で、祭日にかかわる物語りは合理化や変形が行われることがままあるが、祭日の儀礼自体は本質的なところでの変化が少ないと説く。つまり、人々のあいだで行われる祭りの儀礼は、長期間にわたって伝承されつづける。しかし、その儀礼にまつわる物語りは、しばしば忘却され、新しい由来が語られるようになってしまうというのである。

人々は儀礼に物語りを求めたがる。そのとき、祓禊という行事本来の性質は、死にまつわる物語りを吸引し、行事の合理的説明を試みようとする。また逆に死者は祭りと結びつくことによって神格化され、信仰の対象ともなり、一年に一度、自らの存在を主張することができた。祭日自体は奇数に対する特別視によって固定されていたが、儀礼にまつわる話は時代的変遷をたどる。その変遷の過程で、さまざまな由来が創造されては廃れていく。

この祭祀儀礼の由来の変化、あるいは創造という現象は、日本においてもしばしばみられる。日本の年中行事には、中国由来のものも少なくない。しかし、中国から伝わった祭祀儀礼は保存されていても、儀礼の由来については、忘れられ、また変質してしまう。

端午の節句の粽が屈原に由来するという話は、今日でも中国では常識といえるほど有名だが、日本では粽を食べる習慣は残っていても、屈原のことはあまり知られていない。曲水の宴も、平安時代に行われていたやり方は、中国での儀礼に近かった。けれども、曲水の宴と、宮中での「ひいな遊び」とが結びつけられ、杯の代わりに紙人形を水に流すようになったことから、女児への連想が生まれ、江戸時代に現在のようなひな祭りへと変貌していき、現在は原形をほとんどとどめていない。

今回取りあげた資料から考えると、中国の歳時儀礼は、南北朝時代に大きな転換があったように思える。西晋王朝は北方の異民族に追われ、江南の地に逃れてきた。そうして東晋王朝が成立し、隋王朝による統一まで、中国の中原地方は南北に分断された。そのような状況のなか、南朝では首都建康（現在の南京）を中心に、華やかな貴族文化が栄華を誇った。貴族たちはさまざまな祭日の行事を行ったが、いったん文化基盤のあった土地を離れ、かつ貴族のみによって行事が行われるとき、儀礼はその本来の意義を容易に忘れられ、行楽と化しやすい。そうして、意義を忘れたころ、ふと何のためにその行事が存在するのか知りたいという好奇心が疼くのである。周王や呉の王女の故事は、そうやって後づけされた物語りであった。

また、この小文でたびたび引用した『荊楚歳時記』、『続斉諧記』の両書はともに南朝の梁に成立している。『荊楚歳時記』は最初に説明したように、中国最古の歳時記とよべる書物である。『続斉諧記』は怪異の記録であるが、現在目にすることのできる文章の半数は、民間信仰や年中行事の由来に関係している。これらの書が編まれた頃は『文選《もんぜん》』や『玉台新詠《ぎょくだいしんえい》』といった詩文を集めたアンソロジーが盛んに編まれたことからもわかるように、南朝文化を総括するような書物を編む気風が強かった。そのなかで、貴族たちが行う年中行事にも意味が求められ、さまざまな物語りを発掘し、積極的に記録していったのではないだろうか。

歳時儀礼にまつわる話は、時間がたつにつれ、複数の伝承が一つに収束されていく。五月五日の伝承で、地域ごとに違っていた祭る対象の人物が屈原に収束していく例は、まさに文字による伝承の統括の好例といえるだろう。この統括は、情報伝達手段の変化と関係があるだろう。それまでは地域ごとに口頭で伝えられていた物語りが、文字化され定着された段階で、一つの規範となり、全国に流布されていった。そこで由来の創造作業は沈静化してしまう。行事と物語りの相互引力は文字化される前の方が活発に働いていたことだろう。実際、唐代以降において、祭日と死者の物語りが結びついた例で有力なものはほとんどみられない。唐代の何媚という女性が死んでも何媚神とはよばれず、紫（子）姑の名前が冠せられることになったのも、紫姑の名前が不幸な死に方をした女性の名前として、文字資料で広くいきわたっていたためではないだろうか。

しかし、ここまでみてきたように、文字化されるだけで物語りが人々に浸透したわけではない。結びつきに何かしら説得力があり、信仰と深く結びつくことに成功した物語りだけが、後世まで力をもちえた。そのような死者だけが、人々に忘れられずに、歳時儀礼のなかで生きつづけるのだ。


**参考文献**

宗懍著、守屋美都雄訳注、布目潮渢補訂『荊楚歳時記』平凡社、一九七八年。
中村喬『中国の年中行事』平凡社、一九八八年。
小南一郎『西王母と七夕伝承』平凡社、一九九一年。

# 思い出せない日付

## ——中国共産党の記念日

石川　禎浩（いしかわ・よしひろ）

京都大学人文科学研究所准教授。一九六三年山形県生まれ。京都大学大学院文学研究科（現代史学）修了、京都大学博士（文学）。京都大学人文科学研究所助手（一九九〇年）、神戸大学文学部助教授（一九九七年）を経て、二〇〇一年より現職。専攻は中国近現代史・東アジア関係史。中国共産党の歴史、および同党の歴史認識の問題を主に研究している。主な著作として、『中国共産党成立史』（岩波書店、二〇〇一年）、「中国共産党第二回大会について――党史上の史実は如何に記述されてきたか」（『東洋史研究』第六三巻一号、二〇〇四年）、「死後の孫文――遺書と紀念週」（『東方学報』京都、第七九冊、二〇〇六年）、『初期コミンテルンと東アジア』（共編著、不二出版、二〇〇七年二月）など。

## 「七二」と呼ばれる記念日

中国には記念日が多い。特にその記念日が、ある歴史的事件の起こった日付にちなんで呼ばれるケースが少なくない。日本でも、五・一五事件や二・二六事件のような例があり、近くは二〇〇一年のアメリカでのテロ事件が「九・一一」と呼ばれたりするが、こうした日付で呼ばれる事件の数では、中国は他の国にひけをとるまい。一月に、「一・二八」(一九三二年に起こった第一次上海事変)があれば、二月には「二七」(一九二三年に起こった労働運動への大弾圧事件)があり……といった具合で、それぞれの月にこういった記念日が数個はある。これだけでも、中国の近現代の歴史が、激動につぐ激動であったことがうかがわれよう。日本でも比較的知られているものといえば、五月四日の五四運動や六月四日の六四事件などを挙げることができる。周知のように、前者は、一九一九年に北京の学生たちが中心になって巻き起こした愛国運動、後者は一九八九年に起こった民主化運動の弾圧で、学生たちの陣取る天安門広場が武力で制圧されたのが六月四日であった。

こうした記念日が、その歴史的事件の起きた正確な日付で呼ばれているのに対して、本稿でとりあげる七月一日、つまり「七一」の記念日は、その日付が実際にある事件の起こった日付ではないという少々奇妙な記念日である。「七一」とは、中国共産党の創立記念日にほかならない。中国では、誰もがこの日を共産党の創立記念日と考え、実際この日は休日でこそないが、毎年各地で党の記念行事が盛大に行われている。中国共産党の機関紙『人民日報』には、この日に党の誕生〇〇周年を記念する社説が必ず載るし、党指導者の重要な演説が七月一日を期して発表されることも珍しくない。最近では、二〇〇一年のこの日に、当時の党総書記であった江沢民が、共産党への入党条件を私営企業の企業主などにも広げていく、という党の路線を大きく変えるような演説を行って注目された。「七一講話」と呼ばれるその演説は、まさに中国共産党創立八〇周年の記念日に行われたものである。このように、党にとっても、もちろん党員にとっても、七月一日は大変に重要な記念日なのだが、それがどうして実際の日付とズレをきたしてしまったのか。それをさぐっていこう。

## 第一回大会の記念館

先に、「七一」とは中国共産党の創立記念日だと書いたが、その場合の創立日とは、具体的にいえば、党の第一回全国大会が挙行された日ということになる。中国共産党が秘密裏に最初の党大会を開いたのは、一九二一年七月のことで、現在の研究では、「七一」ではなく、七月二三日に上海のフランス租界で第一回大会が開幕したことが確認されている。この経緯は後でくわしく述べるとして、その第一回大会当時、中国全土の共産党員は、わずかに五十数名にすぎなかった（五三人とも、五七人ともいわれる）。

今年（二〇〇六年）の「七一」の『人民日報』によれば、現在の中国共産党の党員数は七〇〇〇万人強である。一三億といわれる中国の人口からみれば、たしかに一部分ではあるが、イギリス、フランスの人口がともに六〇〇〇万ほどであることを考え合わせれば、その大きさがうかがえよう。さらに我が国を比較にとれば、一億二〇〇〇万ほどの人口のうち、その労働人口は半分強の六五〇〇～六八〇〇万人だから、中国の共産党は、早い話が、日本で働いている人たち全部が党員であるというような、文句なしに世界最大の政党なのである。わずか五十数人の小グループが、八十数年を経て、名実ともに中国を支配する巨大政権党へと成長を遂げたのだから、その出発点は、それがどんなに小さなものであっても、やはり記念に値するわけである。

「七一」記念日のもとになった最初の党大会がどのように記念されているかを知るのに、最も手っとり早いのは、上海市内にある「中共一大会址記念館」（図1）を見にいくことであろう。「一大」とは第一回全国代表大会のこと、「会址」とは会場史跡のことである。第一回大会が開かれた建物は、人民共和国成立後に復元され、現在も記念館として開放されている。かつてフランス租界の閑静な住宅街にあったその建物群は、その周辺の街区一帯が瀟洒な租界風建築様式を色濃く残しているという理由で、近年大がかりな再開発が進み、現在では「新天地」というおしゃれなショッピングモールに変貌している。一大会址記念館はその一角に埋もれてしまっているようにもみえるが、内部の展示はこれでなかなか充実している。中でも、最も人目を引くのは、党大会の模様を再現した蠟人形コーナー（図2）であろう。

蠟人形コーナーには、この大会に参加した一三人の中国人党員と二人の外国人（当時、中国共産党を指導する立場にあったコミンテルンからの代表）、合わせて一五体の精巧な蠟人形が、立って何かを報告している毛沢東をとりまく形で配されている。毛沢東は第一回大会にも参加した古参の党員なのである。ただし、当然のことながら、大会当時の様子の写真などは残っているはずもないから、これは想像力を発揮して、それらしく再現したものにほかならず、毛沢東がこんなふうに堂々としていたかは、誰にもわからない。ただ、一三人の中国人参加者については、全員の顔写真が残っており、その後に有名になった人もいるので、ちょっと中国の歴史に通じている人なら、「なるほど」と感心

図1

するような出来に仕上がっている。面白いのは、二名の外国人のうちの一人で、ニコリスキーという名のそのコミンテルン代表は、実は顔写真すら残っていないにもかかわらず、それらしい人形が場に連なっているではないか。記念館の館長さんがこっそり教えてくれたところによれば、蠟人形のニコリスキー氏は、共産党の結成を題材にしたテレビ・ドラマで、たまたまニコリスキー役を演じた外国人俳優をモデルにしたのだとか。これには恐れ入った。

図2

このニセ者蠟人形の笑い話が暗示するように、共産党結成の意義が強調されればされるほど、記念館などそれを記念する側は、共産党の結成にまつわる細部まで明らかにするよう期待され、その結果、こんな捏造に近いことまでやらざるをえなくなるわけだが、それに通底するある種の作為こそは、「七一」を生みだしたものだった。具体的にいえば、一九二一年の第一回大会のその時、その大会の開幕日がよもや後世にこんなにも大きな意味をもつ日になろうとは、大会の参会者はきっと誰も思わなかったにちがいない。ところが、図らずもそうなった時、あるいはそうなりつつあった時、あの日の出来事を記念しなければならなくなった。そして、記念するには、誰かがあの日の日付を思い出さなければならなくなった、少なくとも、記念日をしかじかの日に決めなければならなくなったのである。それは、第一回大会の参加者が後半生に課せられた責務であった。

## 第一回大会参加者たちのその後

現在、上海の記念館には、第一回大会に参加した一三人の中国人党員の顔写真が、その略歴とともに展示してある。序列なるものが共産党の中で重きをおかれるのと同じ理屈で、この一三枚の顔写真の配列にもそれなりのわけがある。まず、一三人を上下に大きく分かつのは、その人が終生共産党員たることを貫いたか、それとも途中で党を離れたかという線引きである。また、終生党員組は、中国共産党や革命運動にたいしてどのような貢献をしたか、によってさらに区分けされ、一方、離党組は離党の経緯や中国の人民にどのような貢献をしたか、によって、これまた微妙な序列がつけられている。今、その序列を各人の没年と合わせて表にすると次のようになる（表1）。

付言すると、この序列は固定的なものではなく、中国国内の政治情勢の変化や歴史研究の進展にともなって、若干の変動がみられる。さて、共産党の第一回大会に参加した一三人の当時

**表1**　中国共産党第1回大会（一大）出席者のその後

| | | |
|---|---|---|
| | | 1949年 |
| 毛沢東 | (1893-1976) | ―― 共和国主席 ―― 病死 |
| 董必武 | (1886-1975) | ―― 共和国副主席 ― 病死 |
| 何叔衡 | (1876-1935) | ―― 戦死 |
| 陳潭秋 | (1896-1943) | ―― 獄死 |
| 王尽美 | (1898-1925) | ―― 病死 |
| 鄧恩銘 | (1901-1931) | ―― 刑死 |
| 李　達 | (1890-1966) | ― 1923離党 ―― 再入党 ― 迫害死 |
| 李漢俊 | (1892-1927) | ― 1923離党 ―― 殺害 |
| 張国燾 | (1897-1979) | ―― 1938離党 ―― カナダで病死 |
| 劉仁静 | (1902-1987) | ―― 1929離党 ―― 事故死 |
| 包恵僧 | (1894-1979) | ―― 1927離党 ―― 病死 |
| 陳公博 | (1890-1946) | ― 1923離党 ―― 刑死 |
| 周仏海 | (1897-1948) | ―― 1924離党 ―― 獄死 |

の平均年齢は二八歳弱だったが、この表をみてもわかるように、その一三人がその後にたどった後半生は、実にさまざまだった。中華人民共和国成立の一九四九年時点で生存していた者は六名だが、同年一〇月一日に天安門楼上で開国式典を見届けることのできた者、すなわち党の指導者として建国の日を迎えられたのは、わずかに毛沢東と董必武の二人にすぎない。何叔衡、陳潭秋は共産党員であることを貫き通したために命を落とし、王尽美、鄧恩銘は若くして一人は病死、一人は共産党員である嫌疑で捕まり、処刑された。李達はいったん離党したものの、人民共和国成立に合わせるように再入党、一方、李漢俊は離党した後も革命運動に献身したため、それがもとで殺されている。それゆえに、この二人の李は、離党組ではあるが、終生党員組に近い扱いを受けているということになろう。

一方、張国燾は一九三〇年代まで毛沢東と肩を並べる党の大幹部だったが、路線闘争・権力闘争に敗れ、一九三八年に脱党、後に海外に亡命した。劉仁静は、一九二〇年代末からトロツキストの活動を始めることになる。同じく革命を掲げながら、スターリン主義の中国共産党とは激しく対立することになった。包恵僧も、革命闘争のなかで離党し、その後は共産党を弾圧する国民党系の仕事をした。この三人の下に位置づけられているのが、陳公博、周仏海の二人で、彼らは日中戦争勃発の後、汪兆銘（汪精衛）が南京に親日政権を樹立した際に、それに協力、有力閣僚となった。戦後、いわゆる漢奸（民族の裏切り者）として責任を追及され、陳は刑死、周は獄死、という最期を遂げている。彼ら二人は、離党者として党を裏切っただけでなく、民族をも裏切って日本の手先になったということで、最も下位に置かれているわけである。このように、一三人それぞれがたどった一生を簡単にふり返ってみるだけでも、二〇世紀中国の歩みがいかに波瀾に満ちていたか、そしてその波瀾が一人一人の人生の上に、いかに重くのしかかったかということが、まざまざとうかがえよう。

この一三人のうち、その後半生において、かすかな記憶の中からあの大会の日付を正確に思い出すという使命を負わされたのは、生きながらえて一九四九年以降に中華人民共和国で暮らすことになった人々だった。具体的にいえば、董必武、李達、包恵僧、劉仁静の四人である。この四人は、その後、開催日をはじめとする党の第一回大会の模様を、共産党の歴史研究部門からくり返しくり返し尋ねられるという運命に見舞われることになった。このほか、たしかに毛沢東も第一回大会の参加者で、人民共和国で暮らした人には相違ないが、最後には神の如くになったその扱いは別格中の別格であるから、四人と同列に論じることはできない。

## 「七一」の由来

現在、公式に七月一日と定められている中国共産党の創立記念日は、そもそも、いつ、どのような経緯で制定されたのだろうか。実は、現在、中国共産党も第一回大会開幕の正確な日付が「七一」ではないことを確認しており、さらに七月一日が党の創立記念日になった経緯についても、いくつかの研究論文が書かれている。それによれば、「七一」の由来は次のようなものであった。すなわち、一九三八年の五月から六月にかけて、毛沢東が延安（陝西省北部の共産党の根拠地）で行った講演「持久戦論」の中で、「七月一日は中国共産党創立の一七周年記念日であり、この日はちょうど抗日戦争の一周年にあたる」と述べ、それが七月一日に共産党の機関誌『解放』（四三・四四期）に掲載されたのが、共産党の創立と「七一」とを結びつけた最初の事例である、と。

この講演の中で、毛沢東が共産党の創立記念日を抗日戦争の記念日と並置していることからもわかるように、当時、中国共産党は、抗日戦争の只中にあった。民族の生死をかけたその戦いのさなか、それもその勃発一周年に合わせる形で、共産党の創立記念日がもちだされていることは、なかなか興味深いことだといえよう。抗日戦争に人々の力を結集させる。そしてそのさいに、できるだけ共産党が核となる形でその力を結集させる。これが共産党の創立記念日を抗日戦争記念日とセットにして設定した戦略的ねらいではなかったかと考えられる。

ところで、毛沢東は「持久戦論」の中で、七月一日は抗日戦争の一周年にもあたる、と述べているわけだが、これは厳密にいえば正しくない。周知のように、日中全面戦争は一九三七年七月七日夜のいわゆる「盧溝橋事件」（中国では、これも日付にちなんで、「七七事変」と呼ばれることが多い）を発端として始まったものだからである。共産党の創立記念日と違って、「七七事変」の方は、それこそ七月七日に起きたということは、当時でさえ確定的な事実だったから、これは毛沢東が日付を間違えたのではなく、彼が便宜上その日付を共産党の記念日である「七一」に引きつけて両者の意義をともに強調したのだ、と考えるほうが自然であろう。現に、延安での一連の記念行事は、その年の七月一日から七日まで、「記念週」として挙行されている。

ともあれ、毛沢東の一九三八年のこの講演が中国共産党の創立記念日を「七一」とした最初のものなのだが、これは、第一回大会の開催日を特定できるような資料が当時はまったくなかったため、おおざっぱに七月頃に開催されたといわれていたその日付を、毛沢東が、董必武ら当時延安にいた他の関係者と相談のうえ、とりあえず月初めの一日に設定したのだといわれている。その意味では、毛沢東が講演の中で、「七一」を党が創立された日（つまり大会の開催された日）ではなく、あくまでも党創立の「記念日」であると述べたのは、「記念日」と史実の日付が異なる可能性があるという余地を残しておいたもの、といえなくもない。ただ、通常の感覚でいえば、第一回大会の参加者でもある党の指導者毛沢東が、特に説明を加えることもなく、「七月一日は中国共産党創立の一七周年記念日」と述べたのだから、それは七月一日に党の創立に関わる何らかの出来事があったと受けとめられたであろう。

## モスクワでの創立記念行事

中国での研究は、「七一」が記念日になった経緯を、おおよそ以上のように伝えるのだが、党の創立を記念するという気運は、実はそれよりも二年も前、つまり一九三六年には、すでに起こっていた。折から党は創立一五周年の節目を迎えていた時のことである。これ以前にも、共産党は、歴史的な大事件の日付に合わせて、○○事件××周年と銘打って活動することはあったが、党の創立自体を記念するということはなかった。したがって、創立記念ということだけでいえば、一九三六年のそれに触れておかねば、不充分であろう。ただし、ほとんど知られることのないその動きは、中国国内ではなく、はるか離れたモスクワで起こったものだった。

一九三〇年代後半にパリで出版されていた中国語の雑誌に、『救国時報』というものがある。中国共産党系列の雑誌ではあるが、その原稿は中国共産党の駐モスクワ代表の人たちが作り、流通の便のためにパリで印刷・発行されるという国際的な刊行物（五日に一度発行）だった。

新聞仕立てのこの雑誌に、一九三六年の七月二五日、「中国共産党成立十五週年紀念」なる社説が載り、同日の紙面に「中国共産党成立一五週年を記念して、全国で祝賀行事挙行」なる見出しの記事が掲載された。その記事は、六月二三日の上海電を引く形で、「昨日の紅色中華通訊社の報道によれば、党中央はすでに、本年八月七日に中国共産党成立一五周年記念のために、全国各地で式典を行う準備をすることを決定した」と伝えていた。記念日が七月一日でもなく、七月二三日でもなく、八月七日になっているのが興味深い点である。

だが、この記念日を祝う行事は、中国国内ではまったく行われた形跡がない。記事は、「党中央」が決定したと伝えているが、当時、都市部の党組織は壊滅状態、「党中央」はあるにはあったものの、いわゆる長征をようやく終えて、何とか陝西省北部の農村地帯にたどり着いたばかりで、とても「全国で祝賀行事」を行えるような状態ではなかった。彼らが記念行事をするようになるのは、前にも述べたように、その二年後のことである。

中国国内の共産党組織に代わって、このような党の創立記念行事を企画立案できるのは、『救国時報』の事実上の編集部、つまりモスクワにいる共産党の駐在代表たち以外には考えられない。具体的な名前を挙げれば、コミンテルンを後ろ盾にして党幹部にのし上がったとされる王明、あるいは第一回大会の参加者で、おりからモスクワにいた陳潭秋らである。彼らは、一九三六年の夏が中国共産党の第一回大会から数えてちょうど一五周年の節目にあたるのに着目、うまく連絡のとれない中国国内の「党中央」になりかわって、創立記念行事の主導を図ったものとみられる。

　ただし、ここでも問題になるのは、記念日の日付である。モスクワにいる彼らとて、第一回大会の開催日時を特定できるような資料を持っていなかったという点では、中国国内の毛沢東らと大差はなかった。頼みの綱は、モスクワ滞在中の陳潭秋の記憶だが、一五周年に合わせて回想録を執筆した陳潭秋は、第一回大会の討議の模様をかなり詳述したものの、こと日付に関しては、大会のために参加者が集まったのは、「一九二一年夏」「七月下旬」、大会が開かれたのは「七月末」と述べるにとどまっていた。一五年も前のことだから、このあたりが人間の記憶力の限界というところだろう。

　では、彼らが設定した「八月七日」とは何の日か。中国共産党の歴史にくわしい者なら、それが一九二七年の「八七会議」、つまり八月七日に漢口で開催され、党の路線転換を決定した有名な会議にちなんでいることに、容易に気づくはずである。一九三六年当時の共産党の路線が、大まかにいって、この「八七会議」の路線の流れをくむものであったことを考えあわせるならば、「七月末」とされる第一回大会の日付に、暦のうえで近い党の吉日は、「八七」になるのである。『救国時報』が、「八月七日」に創立記念行事が行われると報じた理由は、これ以外には考えられない。

　先にも述べたように、この年の八月七日に何らかの記念行事が中国国内で行われた形跡はまったくないが、この記念日を発議したモスクワの中国共産党員たちが記念式典を開いたことは確認できる。その記念式典での陳潭秋の挨拶の記録が残っているからである。ただ、その記録にも挨拶の日付は抜けていて、行事がモスクワのどこで、具体的にいつ行われたのかはわからない。記念日発議の経緯からすれば、当然にそれが八月七日であった可能性は極めて高いだろう。モスクワの共産党員たちがこの記念行事にかなり力を入れたことは、陳潭秋のほかに、モスクワ駐在の党員の代表格である王明とコミンテルンの幹部ディミトロフが、ともに十五周年を記念する文章を発表していることからもうかがえる。なかでも興味深いのは、「中共成立一五周年と中共新政策実行一周年を記念して」という副題と共に発表された王明の文章（「中国の独立、自由、幸福のために奮闘」『救国時報』一九三六年九月一八日）のほうである。

王明の文章の副題は、共産党の創立を祝うのは、それが一五周年という大きな節目にあたるからだけでなく、それが「新政策実行一周年」とセットになっているからだということをハッキリと示している。「新政策」とはいうまでもなく、一九三五年八月一日に発表され、これまたその日付にちなんで「八一宣言」と呼び習わされているものである。正式名を「抗日救国のために全同胞に告げる書」という「八一宣言」は、中国共産党の政策が、抗日民族統一戦線に転換したことを告げるもので、表向きは中国共産党中央の名義だが、実際には王明ら在モスクワの中共代表団が起草・発表したものであった。これの発表一周年と合わせて共産党の創立を祝うというのだから、王明にとっての党創立記念日——彼は文章の中で「今年の七月末、八月初」は「中国共産党一五周年」であると述べ、第一回大会の正確な日付が確定できないことを暗に認めていた――は、それ自体というよりも、それとともに祝われる「八一」なり「八七」なりと関連づけられて、初めて意味をもつものだったということができよう。それはちょうど、先の毛沢東らの打ち出した一九三八年の創立記念日が、同じく第一回大会の厳密な日付を確定できなかったため、抗日戦争の記念日との組合せで選定されたことと、同じ思考様式から出ている。

## 党の歴史書

延安に根拠地をおく中国共産党が「七一」を創立記念日とし、提灯行列などさまざまな祝賀行事をするようになった一九三八年は、共産党にとって、日本軍との厳しい戦いをくり広げる一方、民衆の支持を背景に自らの存在感を増しつつある時期でもあった。地方政権であること に変わりはないが、今や共産党の根拠地は、抗日戦争と国共合作体制のもと、中央政府（国民政府）にも認知されていた。共産党は、もはや「共産匪賊」よばわりされる謎の武装集団ではなく、逆に人々にその姿や歩みを正しく伝える努力をするよう迫られていた。一九三〇年代の後半に、毛沢東が外国人ジャーナリストのエドガー・スノーと会見して自らの半生を語ったり、共産党自身が党の歩みを歴史書にまとめるようになるのは、こうした時代状況を背景としている。

第一回大会の史実に密接にかかわる党の歴史書ということでいえば、その一九三八年には延安で、中国共産党の歴史をまとめた本が出されている。中国現代史研究委員会編の『中国現代革命運動史』である。この本は実際には、党の指導者である張聞天が執筆・編纂したと言われているもので、中国共産党による早い時期の準公式歴史書といってよい。同書は第一回大会に関して、「一九二一年七月、中共は一大を召集した」と記していた。七月あたりに大会を開いたことは確認できるものの、当時はそれ以上の具体的日付はわからなかったということが知れる。こうした曖昧な部分を便宜的に補ったのが、この年の毛沢東の「七一」だということはすでに述べたとおりである。

一九三八年以降、共産党は「七一」を党創立の「記念日」として祝賀行事をするようになるが、それが毎年くり返されるにつれ、「七一」は単に記念日であるだけでなく、党が実際に誕生した日であるという理解（誤解？）に転じるのは、ある意味で避けられないことだった。まして や共産党自身も、一九四一年に出した記念祝賀についての通達の中で、「本年の『七一』は中共が誕生して二十周年にあたる」と述べ、知ってか知らずか、そうした理解を助長していたくらいだから、それが歴史書に盛られるのは、時間の問題だった。

中国共産党の責任ある人物が執筆したもののなかで、七月一日に党が誕生した、つまり七月一日に党の最初の大会が開かれたと明記したのは、蕭三の「毛沢東同志的初期革命活動」（『解放日報』一九四四年七月一日）が最初である。その若き日に毛沢東の友人でもあった蕭三は、中国共産党の文化工作幹部として著名で、中共党員の手になる初めての毛沢東伝『毛沢東同志的青少年時代』（新華書店、一九四九年）の著者としても知られる。その「毛沢東同志的初期革命活動」は、「一九二一年七月一日、中国共産党は上海で第一回の成立大会を開催した」とハッキリと述べていた。ここにいたって、「七一」は単に記念日であるだけでなく、共産党が最初の大会を開いた日となったのである。

かりに、中国共産党が抗日戦争、あるいはその後の国共内戦で敗れていれば、七月一日をめぐるそれまでの経緯は、あるいは小さなエピソードとして歴史の闇に消えたかもしれない。だが、現実には、中国共産党は抗日戦争を戦い抜き、ついで国民党との内戦に勝利して、一九四九年に中華人民共和国という国を打ちたて、数億の人口を有する中国を指導する党になった。当然に、党のそれまでの歩みについても注目が集まり、一般民衆はおろか、党員さえ実はよく知らない自党の歩みを、わかりやすい形で公表する必要に迫られた。建国直後に刊行された胡華『中国新民主主義革命史』（一九五〇年）と胡喬木『中国共産党的三十年』（一九五一年）は、そうした期待に応えるために刊行された公式歴史書の代表というべきものである。

この二つの著作を見ると、いずれも、「七月一日に中国共産党は上海で第一回大会を開いた」という記述がなされている。ついに、蕭三の記述は公式の歴史書に採用され、誰が読んでも、七月一日は第一回大会が開催された日だという読み方しかできなくなったのである。これより三十年間、中国ではこの説が堅持されることになった。

## 資料の改竄

いったん定説ができあがると、それが一人歩きして、人々の常識を縛ったり、さらには、逆に歴史の真相を覆いかくしたりしてしまうことはよくある。元来、記念日にすぎなかった「七一」が、一九四〇年代を通じて、共産党の最初の大会の日付にすり替わってしまったため、中華人民共和国では、本来、定説に先だつはずの歴史資料や関係者の回想録がその「定説」に符合するように改変されるという逆転現象が生じてしまった。つまり、「七一」は日付として根拠が怪しかったにもかかわらず、その日が党の定めた記念日であるからには、何としてもそれを創立の日付にしていこうという努力がなされたのである。

その一例は、陳潭秋の書いた第一回大会の回想録にみられる。前述のように、陳潭秋の回想録「第一次代表大会的回憶」は、党創立一五周年にあたる一九三六年に執筆され、『共産国際』(『共産主義インターナショナル』)というコミンテルンの刊行物に掲載されたものである。『共産国際』はモスクワで発行されていた中国語刊行物だったため、その流通範囲は必ずしも広くはなかった。また、陳潭秋自身も人民共和国の成立を見ることなく獄死(一九四三年没)しているため、第一回大会にかんする重要な回想録でありながら、容易には見られない資料となっていたのである。それが人民共和国になって再発見され、一九五二年に雑誌に紹介されるということになった。ただ、中国国内で再発表された陳潭秋の回想には、奇妙なことに、何カ所かにわたって、断りのない改変が加えられていた。

前述のとおり、本来の陳の回想録には、大会の代表たちが上海に集まってきたのは一九二一年の「七月下旬」で、大会は「七月末」に開催されたと書かれてあったのだが、なぜかこれが一九五二年に歴史資料として復刻された際には、「七月下旬」が「六月下旬」と改変され、大会は「七月初め」に開催されたと書き換わっているのである。一カ所だけなら誤植とも考えられるが、二カ所が符節を合わせたように書き換わっているのだから、これは、本来「七月末」の開催としか読みようのない資料を、強引に「七月初め」に大会が開かれたことを証明する資料に「改竄」したもの、としか考えられない。ちなみに、この改変版の回想録を掲載したのは、一九五二年に創刊された『党史資料』という雑誌の第一号であった。この雑誌は決して一般向けのものではなく、共産党の歴史を研究するごく一部の専門家向けに発行された内部図書である。そのような場で、資料の断りのない改変がなされたのだから、もとの『共産国際』版を見ることのできない多くの専門家は、この資料を「七月一日に第一回大会が開かれた」ことを裏づけるものと考えたことだろう。

これと同じ手口の日付の改変はこれにとどまらないが、紹介しだすとあまりに瑣末になるので、ここではいちいち挙げない。要は、この時期、第一回大会の日付を「七月一日」とする歴史資料がないのなら、「七月一日」にする資料を作り出そうという本末転倒の努力までなされたということである。

## 新文書の発見

党創立の日付が、定説の上でも、またいささか強引ながら「資料」の上でも、七月一日に落ち着こうとしていた一九五〇年代の末、関係者のそれまでの努力を水の泡にする新資料が見つかった。一九五七年に、「コミンテルン駐在中共代表団アルヒーフ」、つまり中国共産党がかつてモスクワに代表部をおいていた時に蓄えていた資料群二万点余りが、ソ連共産党中央から中国共産党に返還されたのだが、その中のあるロシア語文書に、第一回大会は七月二三日に開催されたと記されていたのである。その文書は第一回大会の直後に作成されたものとみられ、ここに長らく不明だった第一回大会の日付は、モスクワから返還されてきた一枚の紙によって、七月二三日というそれまでとは違う日に措定せざるをえなくなったのだった。

ただし、それまで七月一日にあれほど固執し、また記念行事も「七一」と銘打って行ってきた中国共産党にとって、党の創立記念日の変更は、その威信にもかかわることだけに、簡単にふみ切れることではなかった。これまで、欽定版の党史においても「七月一日」と明記してきたのに、ある日突然、「モスクワから新しい資料が出たので」という理由で歴史を書き換えるというのでは、いかにも不面目である。かといって、党の創立記念日をこっそりと変えることなどできるはずもない。かくて、モスクワから来たこの新文書の存在は、五〇年代末には党の指導者に報告され、毛沢東や董必武といった要人はこの文書を見ていたようだが、その後一九八〇年代になるまで、公表されることはなかった。文書の鑑定を求められた董必武は、その文書を「秘密文書、国家機密」と呼んだが、それは「七一」が、当時の彼らにとって、犯してはならないものであったことを推測させる。記念日も歴史書の記述も、七月一日のまま、変更されることはなかった。

かくて、中国国内では、その後に文化大革命という政治の大動乱が起こり、党史研究が停止したことも手伝い、七〇年代の終わりまで、七月一日をめぐる議論は起こらなかったが、国外の事情は逆だった。中国共産党の歴史は、中国の新たなる支配者の歩みとして、一九四九年以降、世界の中国研究者の新たな関心事となりつつあった。当然に、その出発点にあたる第一回大会の具体的状況も、史家によって少しずつ解明されていったが、その過程で、第一回大会の日付は中国共産党のいっている「七一」とはどうも違うらしいことがわかってきたのである。当初、モスクワの文書こそ知られてはいなかったものの、第一回大会をとりまく関係資料を丹念に並べていくと、「七一」では説明のつかないことは明らかだった。

中国での定説にとりわけ激しく反発したのは、中国共産党にとっての敵対勢力にあたる反共史家である。彼らは、「七一」説が資料的に成り立たないにもかかわらず、共産党の側があくまで「七一」を創立記念日としていることに、痛烈な非難を浴びせた。その代表的なものが、一九七三年に台湾の学者が言い放った次のセリフである。「中共はもう五二歳になるが、一体いつ生まれたのかもハッキリさせていない。それはちょうど、親もわからぬ私生児がかってに誕生日を教えられたようなものである」。共産党は出自からして怪しいではないか——それが彼ら反共史家の言い分だった。これに類する海外からの悪口は、とりわけ文化大革命の間は止むことはなかったが、皮肉にも、こうした罵詈雑言が、のちに中国国内で党史の研究が再開された際、中国の学者の発奮材料になったという。つまり、文化大革命が終わって改革・開放路線になった直後、学術的な態度で党史の史実考証に着手した中国国内の学者たちは、先の台湾学者の誹謗を片時も忘れることなく、それこそ臥薪嘗胆して研究に打ち込んだというのである。

一九八〇年代に入り、ようやくモスクワから返還された文書が公開された。実は、第一回大会関連の文書は、中国が鎖国のごとき体制をとっていた一九七〇年代に、ソ連の学者が同種のものをモスクワで発見、学術誌に公表しており、国外で関心をもつ学者はその存在をとっくに知っていたのだった。いわば、中国だけがそれを「国家機密」扱いしていたわけだが、それはそれとして、こうした中国国内での文書の公開や資料の発掘によって、八〇年代に中国での研究が大いに進展したことは事実である。この時期、中国共産党の歴史研究は、多くのタブーにがんじがらめにされていたそれまでの状況から、かなり自由になったが、その意味では、第一回大会の日付もタブーの領域から解放され、くだんのロシア語文書にもとづいて、七月二三日開幕とされるようになっていった。現在の中国共産党の公式歴史では、一九二一年七月二三日に第一回大会が開催されたことが、明確に記されている。
むろん、歴史をこのように確定したために、記念日と史実とは一致しなくなってしまったが、それについては、共産党は次のように説明し、七月一日をあくまで記念日としている。

党の創立記念日は、第一回大会が開幕した日にちではないが、数十年来、「七一」という光輝ある日はすでに全党、全国各民族の人々の胸深くにしっかりと刻み込まれている。したがって、党の創立記念日を変える必要はまったくない。（李樾「関於党的誕生紀念日和党的一大開幕日期」一九八三年）

現在、「七一」が相変わらず党の創立「記念日」であるのは、このような事情によっているのである。

## 思い出せない苦悩

「七一」をめぐる記念日の歴史をたどれば、これで話は終わるわけだが、最後に、あの日、あの場所で党の第一回大会に立ち会った人々とこの記念日とのかかわりには、ひと言ふれておかねばならないだろう。彼ら、つまり董必武、李達、包恵僧、劉仁静の四人こそは、一九四九年以降のその後半生に、それぞれの置かれた四様の立場で、あの日のことを思い出し、その記念日に向き合わざるを得なかったという運命を背負った人々だからである。

すでに述べたように、一九四九年以降、「七一」は単に記念日であるばかりでなく、それは大会の開催された日付であるという理解が定着していくわけだが、中国共産党の歴史統括部門、あるいは第一回大会の関係者のあいだでは、大会の日付は七月一日ではなかったようだということが、一部にささやかれていたようである。ただし、七月一日でないならいつなのかということを確認するすべはなかったため、その四人に対しては、くり返しインタビューを行い、何とか日付、あるいは日付の手がかりになるものを思い出してもらおうという努力が試みられた。早い話が、この四人は一九四九年以降、同じことを死ぬまで何度も聞かれたのである。

彼らが感じたプレッシャーの大きさを、今日の感覚で説明するのは難しい。現在ならいざ知らず、当時は「天大なり、地大なりといえども、党の恩情の大なるに如かず」（流行歌「爹親娘親不如毛主席親」のフレーズ）とまじめに信じられていた時世なのである。むろん、インタビューをする側は、関係者が具体的な日付をある日突然に思い出したりすることなど、内心では期待してはいまい。また、人間の記憶力にはおのずから限界があるのだから、三〇年も前のある会議の、場所や顔ぶれならいざ知らず、最も記憶に残りにくい日付など、そもそも思い出せるほうがおかしかろう。現に彼らはインタビューの中で、日付に限らず、しばしば「ハッキリとは思い出せない」と答えている。だが、彼らにしてみれば、思い出さなければならないのは、極端な話、自分や家族の誕生日よりもはるかに大事な党の誕生日なのである。人民共和国に生きている身でありながら、それも栄えある党の第一回大会に出席するという稀有な体験をしながら、なぜ党の誕生日を覚えていないのかという叱責の声が、どこからともなく聞こえてきたであろう。むろん、その四人は、「あの日の会合が歴史に残る日になろうとは思いもしませんでした」などと言えるはずもなかった。彼らの一九四九年以降の社会的立場の違いは、回想にどのような影響をもたらしたのだろうか。

## 董必武

四人のうち、一九四九年以降で最も社会的地位が高かったのは、いうまでもなく、終始党を離れることなく生涯を全うした董必武（図3）である。科挙を受験したこともある彼は、年齢やそれまでの活動歴からして、一線で党を指導するというより、むしろ党の長老格として、最高人民法院院長など名誉職を多く歴任した人物で、人民共和国副主席までつとめた。四人の中では、まだ比較的気楽な立場で第一回大会の模様をふり返ることができたといえるだろう。

彼の大会期日についての言及としては、一九二九年暮れの何叔衡あて書簡と一九五六年の新聞談話が代表的なものである。董必武は、前者では大会の期日を「七月（?）」（カッコ内の?は董必武のつけたもの）と述べていたが、後者では、「党の第一回全国代表大会は一九二一年七月

図3　董必武

一日に開かれました」と述べている。「七月あたりか」というぐらいしか記憶になかったのに、それが二十数年もたってから「七月一日」へと記憶がよみがえったとは考えにくいし、一九五六年といえば、中国では七月一日に大会が開かれたということが、すでに史書の上でも定着していたわけだから、董はそれを忠実になぞる形で談話を出したと考えられる。

さて、董必武は、その地位ゆえに、前出のロシア語文書（二三日開催と伝えるもの）が発見されると、それをいち早く見られる立場にあった。そのロシア語文書は、共産党の歴史文書を所蔵・管理する中央档案館の専門家が発見してのち、ただちにそれを翻訳して董必武に鑑定を仰いだのだが、一九五九年にその文書を見た彼は、それが比較的確かなものであるということを前置きしながらも、「結局のところ、二三日なのか何日なのかは確定できない。我が党はすでに『七月一日』を党の第一回代表大会の開幕日と決めているのだから、変えなくてもかまわないと思う」とコメントしていた。また、文化大革命のさなかである一九七一年には、党史研究者などごく内輪の人々との座談会の場で、「七一」にふれ、「七月一日という日付も、後で決められたもので、本当に大会を開いた日付はそうとはいえないものです」とも述べている。つまり、歴史を研究する人たちに対しては、「七二」が史実の日付ではないということを内々に告げる一方、七月一日に第一回大会を開いたということは党が決定しているのだから、新文書が出たからといって変える必要はないと言っていたことになる。

人民共和国での「七二」の扱いが、大枠でこの董必武の見解のとおりに推移したことを考えると、彼は、ハッキリは思い出せない（確定できない）、だが、党がそう決めているのだからそれに従おうという現実的で柔軟な対応をしたといえよう。

## 李達

董必武が党の長老として、比較的柔軟な対応ができたのに対して、李達、包恵僧、劉仁静の三人は、いずれも共産党を離党した経歴の持ち主だけに、人民共和国で自分の発言が引き起こすだろうさまざまな波風を予想すると、おのずとその言動は慎重にならざるをえなかった。

なかでも、かたくなといえるほど同じ言葉をくり返したのが李達（図4）であった。彼は、第一回大会に上海の代表として参加した人物だが、一九二三年に党活動が学究肌の自分には合わないことを感じて共産党を離れた。その後、教育・著述方面の仕事につき、一九四九年に中華人民共和国が成立する段になって北京を訪れ、毛沢東の勧めで共産党に再入党した。その後は、毛沢東思想の研究を進める一方で、湖南大学校長、武漢大学校長など、教育界の要職を歴

図4　李　達

任している。

李達は再入党の際、毛沢東から直接に、「若い頃に党を離れたというのは、政治的には転んでしまったというわけだから、大きなマイナスだ。だが、昔のことはもう咎め立てはしない。大事なのはこれからだ」と励まされたこともあり、また、離党という暗い過去を振り払うために、全身全霊を共産党のために捧げた愚直な人物だった。彼の第一回大会に関する回想にも、そうした努力がかいまみえる。彼の大会についての最も早い時期の言及は、一九二八年に書いた文章のもので、「民国一〇〔一九二一〕年夏に、第一回代表大会が召集された」というごく簡単なものだった。それよりくわしい言及はない。ところが、それから二〇年後の一九四九年に再入党の申請をした際、党に提出した自己経歴書の中では、第一回大会について詳細な記述をしていた。期日に関しては、「七月一日午後七時、上海貝勒路同益里の李漢俊の寓居で、第一回会議を行った」と述べ、日付だけでなく時刻までもハッキリ証言していた。ちなみに、共産党の第一回大会は、途中で警察側の妨害が入ったため、最終日は場所を南湖という景勝地の遊船に移して行われたのだが、その時間についても、彼は「午前一〇時から午後六時まで」とこれまた克明に記している。

ただし、先の董必武と同じく、漠然と「夏」に大会が開かれたというほどの記憶しかなかった李達が、二〇年を経て、記憶がまざまざと蘇ってきたということはありえない。思い出したその日付が、ほかでもない「七月一日」だったということにハッキリと表れているように、自己経歴書での李達の回想は、そのころに共産党の中で確定しつつあった「七月一日説」を自主的に摂取し、自分の記憶をそれに添う形に再構成したものなのである。李達は、一九四九年以降も、記録の残っているものだけでも、二、三年に一回、インタビューを受け、そのたびに第一回大会の模様を証言することになるが、七月一日という日付だけは一貫して変えなかった。一九五一年の証言では、開会の時間が午後八時へ一時間ずれているが、七月一日の夜に開かれたという点は譲っていない。その後の回想の変化をたどると、細かい点が現在の定説にだんだん近づいていること（例えば、大会場所の李漢俊邸の地番が、貝勒路同益里から貝勒路樹徳里へ、さらに望志路樹徳里三号へ変化）が確認される。これは、それぞれの時期の研究の成果を、彼自身が学びとり、それを自分の回想の中に生かしていったということを示していよう。

李達は亡くなるまで、大会は七月一日だったと言いつづけた。一九五九年の回想は、前出のロシア語文書を見せられた際の回想だが、インタビュアーがその文書を示しながら「本当に七月一日でしたか」とたずねたのに対して、李達の回答はそれでもなお、「第一回大会開会の具体的な時間は、七月一日です」という頑固なものだった。さらに、彼はロシア語文書はあまりあてにはならないとも付け加えている。彼の場合は、新文書がいう二三日かもしれないが、党が決めている以上やはり七月一日でよかろう、と言った董必武の如き悠揚な対応ではなく、誰が何と言おうと、第一回大会の日付は七月一日以外にはありえないのであった。李達が、党員たることを貫くため、党の定めた歴史から一歩も外へ出ないよう意図的に自制したのか、あるいは学習によって学びとったものが、何度もくり返しているうちに、ついに自分の記憶の一部になってしまったのか、これを判断するのは難しい。両者は実は一体の心性だからである。

李達は社会科学理論や毛沢東思想の研究者としても著名な人だったが、残念ながら文化大革命が始まった直後に、「ブルジョア学者」「叛徒」というレッテルを貼られ、迫害の中で亡くなった。記憶の中まで党の方針と一体となった真摯なる再入党者の非業な最期であった。

## 包恵僧

董必武、李達が共産党の公式見解に近い証言をくり返したのに対して、そこからややずれた対応をしたのが包恵僧（図5）である。包も離党組であるが、彼の場合は、革命闘争が厳しい状況に追い込まれ、身の危険を感じて活動から足を洗ったという意味で、保身的な離党だったといえよう。のち、国民党、あるいは国民政府の官界で官吏となり、人民共和国成立後は中国に残ったが、そうした前歴があるため、李達のように再入党することはなかった。その点では、李達らとは違って、党の方針や既存の歴史記述からやや距離を置けたといえなくもない。包恵僧がほかの三人に比べて格段に多い回想録を一九五〇年代から発表したのは、根っからの話し好きという彼のパーソナリティだけでなく、そうした彼の立場もいくぶんか関係しているように思われる。

包恵僧とて、一九五〇年代に第一回大会をふり返ったときには、大会の期日を思い出せるはずはなかった。だが、彼が李達らと違ったのは、「七一」を尊重しつつも、それに縛られることなく、自分たちの当時の足どりに照らして思いをめぐらした点だった。一九五三年に党の歴史部門の専門家の訪問を受けたさい、実は日付が確定できずにいるという率直な言葉を聞いた彼は、「大会の時期は、学校が夏休みになって間もなくだったので、おおよそのところ、七月一〇日前後だったと思う」と答えている。ただし、この見解は当時の定説とは食い違うものだったし、七月一〇日前後というだけでは、根拠も不足していたため、彼が一九五七年に「棲梧老人」の筆名で、公刊の雑誌に回想録「中国共産党成立前後的見聞」を発表したさいには、この異論を発表することは慎重に差し控えられた。大会の期日については、「それぞれの学校が夏休みに入った後」という文言だけの曖昧な表現にされ、具体的な日付は盛り込まれなかったのである。当時は

図5　包恵僧

「七二」説が通行していたわけだから、このこみ入った事情を知らぬ一般読者は、期日が書かれていないということは、「七二」に開催されたことを暗黙の前提にしているのだろうと感じたにちがいない。

文化大革命の時代、包恵僧も他の離党組と同じように辛酸をなめたが、幸いにしてその歳月を生きのび、改革・開放の時期に再び回想録を執筆する幸運に恵まれた。一九七八年、文革が終わり、少しは自由に回想を語れるようになった段階で、彼は今一度記憶を整理し、次のように述べている。「自分の記憶では七月一日ではなく、七月半ば前後、ちょうど夏休みになった頃だった。そうでなければ中学校で教師をしていた陳潭秋や董必武は会議には出席できなかった」と。当時、彼にインタビューをしたのは、ロシア語文書などの新資料を利用して第一回大会の史実を明らかにしようとしていた党史研究者であったから、この時点で包は、文書記録では七月二三日開催となっていることを知っていたにちがいない。彼の回想が、翌一九七九年になって「七月二〇日前後」とさらに後ろにずれるのは、今度はその新史実となった日付に自らの記憶を合わせていった表れだろう。

## 劉仁静

劉仁静（図6）も離党組ではあるが、李達や包恵僧らと異なり、革命についての自らの主義・信念を貫徹するために、共産党と袂を分かったトロツキストであった。一九二〇年代から三〇年代の中国共産党は、モスクワ、具体的にいえば、スターリンらソ連指導者の意に従う革命路線をとっていたが、劉はそれに異議を唱え、トロツキーの主義にもとづいて中国の革命を進めようと考えたのだった。中華人民共和国の成立は、間接的に彼らトロツキストの運動が破産したことを意味したが、とはいえ、一概に反革命、反共産主義とは決めつけにくいだけに、共産党の歴史では扱いの難しい人物といえる。

図6　劉仁静

ただ、共産党員時代からそこそこ名の知れていた人物でもあり、それまでの政治的見解を清算しないことには、かれが人民共和国の体制のもとで暮らしていくことは難しかった。トロツキストのなかには、一九四九年以降も転向を拒み、そのまま獄に繋がれた者もいたが、劉仁静は一九五〇年末に『人民日報』に自己批判の声明を発表し、自らの「誤り」を認めることになる。
その後、人民出版社に籍を置いた彼ではあったが、その立場は、獄にこそ繋がれてはいないものの、準政治犯であったといってよい。他の当事者に比べ、党史研究者が彼のもとを訪ねてインタビューをすることは少なく、また彼自身も発言にはことのほか慎重で、多くを語ろうとはしなかった。文革終結後に劉にインタビューを行った中国の研究者・邵維正氏は、劉の様子を次のように伝えている。

劉仁静へのインタビューは容易ではなかった。やっとのことで白雲路にある彼の新居を訪ねあてたとき、この老人は黙して語らず、萎縮した様子で、私がしたいくつかの質問についても、判で押したように、「もう歳だから、よく覚えていない」と答えるばかりだった。落ち着いて考えてみれば、それも理解できた。劉老人の一生は不遇の連続、辛酸をなめ尽くしていたから、何事にもびくびくしていたのだ。とりわけ、歴史や政治にかかわる問題については、小心翼々そのもので、それが、口を開きたがらない内面的な理由だっただろう。

その劉仁静は、実は一九五七年時点で、インタビュアーから包恵僧の回想を聞かされ、「包恵僧は第一回大会の開催は七月ではあったが、一日とは限らないと言っているそうだが、その説は正しい」と語ったことがあった。七月一日ではないということをうすうす感じていた劉仁静は、包恵僧の言に励まされる形で、その考えを伝えていたということになる。ただし、その後の文化大革命で、彼はトロツキスト・反党分子という前科を蒸し返されて、十一年間にわたって獄に繋がれることになった。先の引用文の伝える彼の様子は、一九七八年暮れに釈放されて間もないころのもの（名前も劉亦宇と変えていた）なのである。

その後、彼は、「もう時代は変わった」「回想が政治問題になったりすることはない」とくり返し説得され、ようやく重い口を開きはじめた。そして、インタビューに訪れた邵維正に、大会期日についての思わぬ手がかりを与えた。自分は共産党の大会の前に、南京で開かれた少年中国学会という青年団体の大会に出席したはずだ、と述べたのである。邵維正が調べてみると、少年中国学会の大会は、確かに南京で開かれており、出席者の名簿には劉の名があった。そして、その大会の開幕日は奇しくも七月一日だった（ただし、劉が南京に到着したのは二日）。これによって、劉が出席した上海での共産党の大会は、それよりも後であることが、裏づけられたのである。

当時は、邵氏らがロシア語文書などによって、大会の日付を二三日に間違いないとほぼ断定していた時期であるから、客観的にみれば、劉仁静の証言のインパクトはもう大きくはなかった。しかし、劉仁静は、邵維正が少年中国学会の記録を見つけてくれたことに刺激を受け、封印してきた記憶を解き放つ勇気を与えられた。晩年の彼が残した回想録「一大瑣憶」（一九七九年）がそれである。それは文字どおり、第一回大会についての思い出の記ではあるが、氷のごとく閉ざされていた心が一瞬の明るさを取りもどすという意味では、ある離党者の人間性回復の記録でもあった。

## 記念日と記憶

ある日、ある場所に居合わせたために、あるいはある特異な体験をしたために、人生が変わることは珍しくない。それが良からぬ結果を招いた時、人はしばしばそれを「人生を狂わせた偶然」と呼ぶ。では、第一回大会に参加したがゆえに、はからずも後世にそれをめぐる苦労を味わった人々も、それにならって、「人生を狂わされた」人々と呼んでよいのだろうか。確かに彼らは苦労をしたが、それを単に党の第一回大会に参加したがゆえに、あるいは中華人民共和国に残ったがゆえに、と考えるのは結果論であろう。彼らの苦労の根源は、そんな歴史の偶然にあるではない。彼らの苦労は、小は個人や政党が、大は国家や民族が、そのアイデンティティを往々にして歴史の中にもとめ、その際、おのれの意義を確認する最も簡単（安易）な方法が、「記念する」という行為になるという仕組みに発しているのである。

いうまでもなく、記念日というものは、自然に生まれてくるものではなく、つくられるものである。作為色が濃い場合もあれば、薄い場合もある。だが、我々は記念日を祝うとき、過ごすとき、実は記念日というものは誰かがつくったものであることを往々にして忘れてしまう。

あるいは気づかないふりをしてしまう。「記念日は作り物だ」と声高に叫ぶことは、「記念日」によって結びつけられている共同体へのある種の反逆行為になるからである。だから、ある社会で心地よく生きるためには、「記念日」に従順であるほうがよい。「記念日」があなたの記憶を侵蝕しない限りは。

中国共産党の第一回大会に出席した人々は、すでに全員がこの世を去った。彼らの人生をふり返って、それを「記念日」によって記憶を侵蝕された人々と呼ぶことは可能だろう。それはいわば、遠い中国の話だが、ひるがえってわたしたちはどうだろう。つくられた「記念日」に縛られてはいないだろうか。自分の記憶や経験が「記念日」によって侵蝕されてはいないだろうか。反問してみると、「七一」をめぐる彼らの回想の転変や、かたくななまでの思いこみは、他人事には思われない。

### 参考文献

石川禎浩『中国共産党成立史』岩波書店、二〇〇一年。

王暁葵「二〇世紀中国の記念碑文化――一九世紀広州の革命記念碑を中心に」、若尾祐司、羽賀祥二編『記録と記憶の比較文化史――史誌・記念碑・郷土』名古屋大学出版会、二〇〇五年。

小野寺史郎「民国初年の革命記念日――国慶日の成立をめぐって」『中国――社会と文化』二〇号、二〇〇五年。

邵維正「板凳需坐十年冷　文章不写一句空――対中共一大考証的回憶」『中共党史研究』二〇〇〇年第四期。

丸田孝志「時と権力――中国共産党根拠地の記念日活動と新暦・農暦の時間」『社会システム研究』第一〇、一一号、二〇〇五年。

李樾「関於党的誕生紀念日和党的一大開幕日期」『党史通訊』一九八三年第一九期。

# ブックガイド　記念日と記念行事、記憶について考えるための日本語文献

○ウィリアム・M・ジョンストン（小池和子訳）『記念祭／記念日カルト——今日のヨーロッパ、アメリカにみる』現代書館、一九九三年。

人はなぜ記念日に執着し、記念日に寄せてさまざまなイヴェントを行うのか、という根源的な問いに、欧米各国の間にみられる差異にも注目しつつ、回答を与えようとする著作。記念日・記念祭の乱立を現代的な現象ととらえ、ポストモダニズムが隆盛し、国家アイデンティティが動揺する状況のなかで記念日・記念祭が担う役割を論じている。

○阿部安成、小関隆、見市雅俊、光永雅明、森村敏己編『記憶のかたち——コメモレイションの文化史』柏書房、一九九九年。

記念行事や銅像、祭り、といった過去の人物や出来事を記念・顕彰しようとする行為＝コメモレイションを「記憶のかたち」と把握したうえで、これらの「かたち」がいかに成立し、いかに受容され、いかなる意味を付与されていったのか、を追求する論文集。記念日として具体的にとりあげ

られているのは、横浜開港記念日とガイ・フォークス・デイである。

○ピエール・ノラ編（谷川稔監訳）『記憶の場――フランス国民意識の文化＝社会史』全三巻、岩波書店、二〇〇二〜三年。

「集合的記憶を表象する場」の検討を通じてフランス的な国民意識のあり方を検討しようとするプロジェクトの成果。一三〇編以上の論考を集める原著から日本語版は三一編をピック・アップし、記念日を直接的に扱う論考としては、「七月一四日」と「フランス革命一〇〇年祭」を収める。「歴史と記憶」の問題への関心を喚起するうえで、おそらく最大の影響力を行使した論文集といってよい。

○荻野昌弘編『文化遺産の社会学――ルーヴル美術館から原爆ドームまで』新曜社、二〇〇二年。世界各国に保存されている新旧さまざまな文化遺産への社会学的考察をまとめた論文集。文化遺産の保存や整備を通じて、記憶とモノのすり合わせが行われていることを論じている。写真、図版多数。

○若尾祐司、羽賀祥二編『記録と記憶の比較文化史――史誌・記念碑・郷土』名古屋大学出版会、二〇〇五年。

歴史的記憶のシンボルである記念碑の分析を中心に、近代における歴史文化の形成と、ナショナリズムにつながる歴史意識の具体的な様相を検討したもの。アメリカ・中国・日本における記念碑や歴史顕彰事業を比較史的に明らかにした共同研究の成果。

○吉澤誠一郎『愛国主義の創成——ナショナリズムから近代中国をみる』岩波書店、二〇〇三年。
二〇世紀初頭の中国を題材に、人種意識、歴史認識、愛国者の死と追悼などのテーマから、近代中国の愛国主義（ナショナリズム）の光と影を読み解く著作。記念行事や肖像など、視覚的象徴の役割についても言及する。

○中村喬『中国の年中行事』・『続中国の年中行事』平凡社、一九八八年・一九九〇年。
中国の年中行事について、暦毎に行事の項目をたて、由来や歴史的変遷を説く。また、行事のときに食べる食物についての記載が豊富である。中国の年中行事に関する書籍は、本書を除くと、年中行事を記した古典籍の翻訳が多く、『荊楚歳時記』『清嘉録』『燕京歳時記—北京年中行事記』（いずれも平凡社東洋文庫）などがある。これらの書はそれぞれ長江中流域、蘇州、北京と特定の地域に密着したかたちで記述がなされている。

○折口信夫『折口信夫全集第一七巻　春来る鬼・仇討ちのふおくろあ』中央公論社、一九九六年。

著名な国文学者であり、民俗学者である折口信夫の全集第一七巻には、年中行事に関する考察が多く収められている。折口は、日本の年中行事の原理は神迎えにあると説く。神が年に一度しか来ないのでは心細いと思う心理が、神の来臨の回数を増やさせ、年中行事として定着していったのだという。折口の、中国由来と考えられている年中行事でさえも、日本固有の習俗があって、その後中国の伝承と結びついたと考える態度は、全面的に賛成するわけにはいかないが、興味深い視点ではある。

○遠藤元男、山中裕編『年中行事の歴史学』弘文堂、一九八一年。
日本の年中行事について、起源や変遷を論じる論文集。「年中行事の形成」の部分では、風土と季節、国際交流、生活と社会という三つの側面から、年中行事の成立について分析を行っている。農村、都市では生活様式が違い、そのため年中行事にも変化が生じるという。末尾に日本の年中行事についての研究書・史料目録を付す。姉妹編に山中裕、今井源衛編『年中行事の文芸学』（弘文堂、一九八一年）がある。

○村上重良『天皇の祭祀』岩波新書、一九七七年。
村上重良は、『国家神道』（岩波新書、一九七〇年）などの著作を通じて、明治初年の神仏分離から神道国教化政策をへて、明治一〇年代前半の祭祀と宗教の分離、帝国憲法の発布にいたって、キリスト教・教派神道などの一般宗教を従属させ、祭祀に限定された国教としての国家神道体制が成立する道筋を描いた。本書では、天皇の祭祀を通じて国体の観念を国民に広めるために、紀元節（二月一一日）、天長節（一一月三日）、元始祭（一月三日）、新嘗祭（一一月二三日）などの祝祭日が体系化されてゆくメカニズムが明らかにされた。

○籠谷次郎『近代日本における教育と国家の思想』阿吽社、一九九四年。

籠谷次郎は、小学校の教育現場に残された『学校日誌』などを一九七〇年代から丹念に発掘し、今日の教育史研究の流れをつくった。国旗「日の丸」の掲揚、「君が代」の唱歌から国歌への変容、あるいは教育勅語解釈の変遷や「御真影」の下賜について、大正・昭和期の教育現場の実態に即して解明した。たとえば「御真影」の下賜は一八九〇年の教育勅語の発布とともに制度化されるが、実際に教育現場において全国的規模で普及するのは昭和期に入ってからであった。記念日をめぐる制度と社会における実態とのズレを考えるうえで、先駆的な労作である。

# 記念日《きねんび》の創造《そうぞう》

二〇〇七年五月二〇日　初版第一刷印刷
二〇〇七年五月三〇日　初版第一刷発行

編　者　小関　隆
著　者　小関　隆／藤原辰史
佐野誠子／石川禎浩

発行者　渡辺博史
発行所　人文書院
〒六一二-八四四七　京都市伏見区竹田西内畑町九
電話〇七五（六〇三）一三四四　振替〇一〇〇〇・八・一一〇三
印刷　㈱冨山房インターナショナル
製本　坂井製本所

ISBN978-4-409-51058-2 C1022

http://www.jimbunshoin.co.jp/

水野直樹編

# 生活の中の植民地主義

## 身体に刻み込まれた記憶

一五〇〇円

私たちの生活に確かな痕跡を残す日本の植民地主義。初詣や命名の習慣、戸籍制度、慣行としての身体測定や体操といった、いわば身体に刻み込まれた記憶をあぶりだす試み。さらに関心を深めるためのブックガイドつき。京都大学人文科学研究所夏期講座連動企画。

表示価格（税抜）は2007年5月

池田浩士編

# 大東亜共栄圏の文化建設

近代はいかに超克されたか

二八〇〇円

大東亜戦争に不可欠の要素であった「大東亜共栄圏文化」なる理想の実相に迫る。軍事的侵略からはもっとも遠く、しかし同時に感性や情緒、生活習慣や言語活動など人の心と身体にまで介入しうる「文化建設」の実践を、個々の現場の現実として示す。新進気鋭の論者による大胆な試み。

表示価格(税抜)は2007年5月